MY
JOB
나의 직업

어쩌면 당신의 시선

CONTENTS

Part One

History

Part Two

Who & What

Part Three

Get a Job

Part Four

Reference

Part One

History

미용의 역사와 미용사

아름다워지고자 하는 욕망은 시대를 막론하고 우리 인류에게 본능적으로 존재하는 것으로 원시시대부터 그 흔적을 찾아볼 수 있다.

인류는 기원 전 4000~5000년 전에 벌써 화장을 하였으며 머리장식과 빗을 사용하였는데 당시에는 오늘날과 같은 의미의 화장이 아니고 종교의식과 밀접한 관련이 있었던 것 같다. 말하자면 화장은 본래 피부의 건강이나 아름다움을 위한 것인데 고대에는 그러한 측면에서 화장을 한 것이 아니고 종교 행사에 있어서 엄숙함을 나타내기 위해 시작된 것으로 보인다. 하지만 화장의 기법은 비록 초보적이지만 그때에도 벌써 개발되었으니 퍼머넌트는 이집트에서 그 기원을 볼 수 있고 고대 로마에서는 탈색 · 염색과 같은 화장법이 있었음을 알 수 있다. 향료품이나 향수도 이러한 상황에서 더불어 만들어지기 시작하였다. 그러다가 중세에 들어오면 비누가 만들어지고 18세기에는 화장수인 오데코롱이 개발되었다.

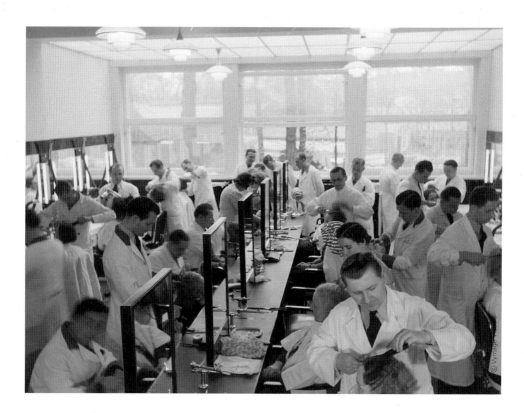

한국에서는 삼한시대에 남자들이 상투를 틀기 시작했으며 삼국시대 고구려에는 얹은머리, 쪽머리, 중발머리 등의 다양한 헤어스타일이 있었다. 또한 백제에는 혼인 후에 다른 머리 모양을 만드는 풍습이 있었으며 신라에는 신분을 나타내는 표시로 머리 모양을 이용하였고 향수를 제조하였다. 통일신라시대에는 중국의 영향으로 화장이 짙어지고 화려한 치장을 하였으며 화장품 제조기술이 발달하여 화장합, 분을 담는 토기 분합과 향유병이 등장하였다.

고려시대가 되자 두발염색이 시작되었고 궁녀, 기생 중심의 짙은 화장법과 일반 가정집 여인들의 옅은 화장법이 발달하였다. 조선 초기에 들어서면서 피부 손질을 하기 시작하였고 머리 모양도 많이 바뀌게 된다. 조선 중엽에 분화장은 주로 신부화장에

사용하였고 연지와 곤지도 찍었다. 일본과 서양문물의 영향을 받은 조선 후기에 와서야 비로소 오늘날과 같은 새로운 화장법이 도입되었다. 특히 한일 합방 이후에는 외국에 유학을 한 여성들에 의해서 서양식 미용법이 본격적으로 우리나라에 소개되었는데 이것이 한국 현대미용의 출발점이 되었다.

당시 1920년대에 이숙종의 높은머리(타까머리), 김활란의 단발머리가 많은 여성들의 인기를 끌었으며 오엽주는 1933년에 우리나라 최초로 화신미용실을 개원하였다.

해방 후에는 김상진이 현대미용학원을, 권정희가 정화고등기술학교의 문을 열어 현대 미용기술을 가르쳐 오늘날 우리나라 미용업의 토대를 만들었다.

오늘날 우리나라에서는 법률적으로는 미용업과 이용업을 구분하고 있는데 실제에

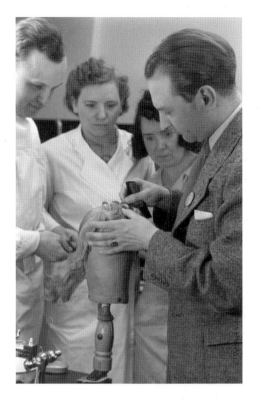
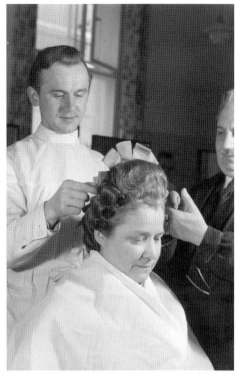

있어서는 미용업을 하는 사람들이 대다수 이용업을 겸하고 있다.
특히 여성 위주로 발달한 미용 기술이 남성들에게도 환영을 받자
남자들의 이발만 하는 이용실은 점차 줄어들고 남자들의 이용을
겸하는 미용실이 늘어나고 있다. 동시에 예전에는 여성들의
전유물이었던 미용사란 직업에도 많은 남성들이 종사하여
사실상 이용업과 미용업의 경계가 무너져 있다고 봐야 한다.
　이러한 미용업이 제대로 체계를 갖추기 시작한 것은 1948년
제1차 미용사 자격시험이 실시되면서 인데 본격적으로 발전하게
된 것은 이·미용사법이 만들어진 1961년부터이다.

미용업

손님의 얼굴·머리·피부
등을 손질하여 손님의 외
모를 아름답게 꾸미는 영
업

이용업

손님의 머리카락 또는 수
염을 깎거나 다듬는 등의
방법으로 손님의 용모를
단정하게 하는 영업

미용업에 종사하는 사람들이 하는 일을 간단히 정리하면 다음과 같다.

미용사는 고객에게 적합한 머리 스타일을 연출하고, 기타 고객의 머리 손질에 관련된 서비스를 제공하는 일을 담당하며, 고객의 얼굴이나 머리형태에 따라 알맞은 머리 모양을 권하고 고객의 모발 상태와 형태, 모발의 손상 정도를 확인하여 이에 따라 머리모양을 결정하는 일을 한다. 가위나 빗, 염색제와 같은 각종 미용설비를 사용하여 머리를 자르고, 염색 및 파마하며, 고객이 헤어스타일을 연출할 수 있도록 돕는다. 모발 상태를 점검해주거나, 건강하게 가꾸는 법에 대해 알려주며 약혼이나 결혼식 등 특별한 날에 어울리는 머리스타일을 연출해주기도 한다.

고객에게 제각기 다른 피부의 특징을 잘 알려주고 계절에 맞는 피부 관리를 해주며 얼굴 마사지뿐만 아니라 고객의 요구에 따라 몸 전체를 아름답고 건강하게 유지할 수 있도록 돕는 일을 한다. 이러한 관리를 통해 손상된 피부가 자연 회복되도록 조언한다. 손톱과 발톱 같이 아름다움을 표현할 수 있는 신체 부위를 관리하고 연출해주는 것 또한 미용업의 일부이다.

일의 특수성

미용업은 사람의 신체 일부인 두발, 피부, 손톱 등 예민한 부분을 다루는 일이라 까다로울 뿐만 아니라, 고객과의 접촉 시간도 다른 서비스업에 비해 아주 긴 편이다. 따라서 다른 일에 종사하는 사람보다 고객을 상대로 받는 업무 스트레스가 높기 때문에 대인관계에 대한 자신감이 필요하다. 특히 자신의 감정을 조절하고 상대의 이야기를 경청하는 자세가 필요하며 손님의 요구 사항을 정확하고 신속하게 파악하기 위하여 꾸준한 노력과 연습이 요구되는 직업이다.

이러한 미용업은 오늘날 현대인의 개성적인 삶의 방식과 어우러져 다양한 형태의 미용방법으로 발전하여 세분화되고 있으며, 보다 과학적인 기술이 도입되어 전문직으로 발돋음하고 있다. 따라서 미용사는 끊임없는 연구와 자신만의 스타일을 만들어 나가는 노력이 필요하고 동시에 세계 유행의 흐름에도 민감해야 한다.

미용업은 전문직이기 때문에 남녀 구분 없이 나이가 들어서도 할 수 있다는 장점이 있다. 미용사 개인의 능력에 따라 사업의 성패가 달려있기 때문에 자신이 있다면 시간이나 장소에 구애받지 않고 언제든지 일을 할 수 있는 것이 특징이다.

또한 미용업은 개성의 연출이라는 차원에서 고객의 신체 특징에 맞게 상담을 통해 스타일을 창조하거나 관리해주는 고객 맞춤식 서비스라는 점도 특이점이다. 따라서

고객서비스 정신은 기본이고 손님의 개성을 기획하고 연출하는데 필요한 미적 감각과 손재주 등도 빼놓을 수 없는 필수 사항이라 할 수 있다.

현실적으로 볼 때 미용업은 이론보다는 실습이 중요한 직업이라서 학교 학력보다는 현장 실습 중심의 도제시스템이 어느 다른 직업보다 발달해 있다. 그래서 학교에서 미용학을 공부하고 미용사 자격을 얻어 곧바로 개업하여 미용사로 일하는 것보다는 일단 기존의 미용실에 어시스턴트나 스텝으로 들어가 실무수습 기간을 거쳐 단계적인 과정을 밟아 올라가면서 미용업에 대한 현장경험을 쌓는 것이 필요하다. 이런 과정 속에서 미용기술의 숙련 뿐만 아니라 손님에게 맞는 개성적인 스타일 연출 기법과 고객을 다루는 서비스 테크닉을 익혀 자신만의 창업이나 혹은 전문 미용사로서의 홀로서기를 최대한 실수 없이 할 수 있도록 하는 것이 바람직하다.

미용사들이 근무하는 시간 역시 일주일 내내 평균적으로 일하는 것이 아니고 휴일이나 주말에 집중되어 일하기 때문에 업무의 리듬이 있어 비교적 직업 만족도가 높다고 하겠다.

미용업의 이러한 특징은 말 그대로 배우면서 일하고 일하면서 배우기 때문에 취업을 할 수 있는 기회가 많고 노력만 한다면 능력만큼 좋은 대우와 연봉을 받을 수 있어 전문가로서의 자긍심도 가질 수 있는 일이기도 하다.

미용사에게 필요한 적성

미용사는 취업이 쉽고 직업 자체가 예술과 과학적 기술을
겸비하는 것이라 매력적이기도 하지만 가장 중요한 것은 자신의
적성을 제대로 살릴 수 있는 직업이라는 것이다. 따라서 미용사가
되려고 한다면 먼저 자신의 적성부터 살펴보고 미용이라는
직업과 잘 맞는지 알아보는 것이 좋다.

미용사가 되기 위해서는 다음과 같은 점을 고려해야 한다.

■ 예술적 재능
미용사는 사람의 외적인 아름다움을 만들고 다루는
직업이므로 용모에 대한 미적 감각과 손재주 등이 요구된다.
특히 섬세한 손놀림이나 손으로 하는 작업에 남다른 재능이
있다면 미용사로서 성공할 수 있는 장기를 가지고 있다고 보면
된다.

■ 창의적 재능
자신만의 독창적인 헤어스타일을 연구하고 개발하는데 관심이
많으며 인체의 외적인 아름다움을 창조하는데 흥미가 있으면
도전할 만한 직업이다.

■ 도전과 탐구정신
유행의 흐름에 관심을 갖고 다양한 시도와 노력으로 새로운
스타일을 찾아나서는 도전과 성실함, 인내심이 필요하다.

■ 원만한 대인관계

고객에 대한 서비스 정신과 적극적이고 원만한 대인관계능력
및 의사소통능력이 요구된다. 미용업은 무엇보다도 대량
생산이 아닌 고객 개인의 주문 생산이라는 점을 생각할 때
고객과의 의사소통 기술과 고객의 취향을 읽어내는 재능이
아주 중요하다.

종합적으로 볼 때 미용사라는 직업은 예술적 감각, 섬세한
감성과 손재주, 창의적 탐구정신과 대화를 통한 원만한
인간관계를 꾸려나갈 수 있는 사람에게 어울리는 직업이다. 특히
이러한 자신의 개성을 잘 파악하고 자신의 적성에 맞는 직업을
찾아 재능을 한껏 펼쳐보고 싶은 사람에게는 자신의 노력으로
무한한 가능성과 성장을 일구어 낼 수 있는 멋있는 직업일 수
있다. 미용사는 사회 속에서 아름다움을 실천하는 예술가라
하겠다.

미용사가 일하는 직업 영역을 우리는 일반적으로 미용산업 또는 영어로 뷰티산업이라고 하는데 용어의 쓰임 자체가 '이것은 이것이다'라고 명확하게 정해져 있지 않다. 특히 뷰티라는 용어가 그러한데 오늘날 웰빙이라는 말과 어울리면서 뷰티의 뜻이 다양해지고 있다.

그러나 우리는 미용사와 관련하여 가장 일반적으로 사용하는 직업 영역으로 '미용산업'이라 부르는데 이 미용산업과 관련된 세부직업들에 대해 이야기하고자 한다.

사실 오늘날에는 위에서 말한 것처럼 미용 자체도 의미가 다양하다보니 미용사라는 직업도 어떻게 보면 시대에 뒤처진 용어라 하겠다. 왜냐하면 우리가 시내에서 마주치는 미용실에는 미용사라는 사람은 없고 헤어디자이너, 네일아티스트, 피부 미용관리사 등등만 있기 때문이다. 그래서 미용사 자격제도에 대해 보다 선진화된 기준이 마련될 필요가 있다.

우리가 보통 미용사라고 하면 헤어미용, 피부 미용, 메이크업 그리고 네일케어 등의 세부 전문직업 분야를 모두 함께 말하는 경우가 많다. 이용사는 미용사와 별도의 자격제도로 운영되지만 현실적으로 볼 때 미용사가 '이용'을 겸하는 경우가 대다수여서 이 책에서는 별도로 설명하지 않는다.

미용 상품의 특성

우리가 산업이라고 하면 무엇을 생산하여 이를 표준화된 상품으로 만들어 저장 내지는 유통 소비하며 고객의 만족도를 조사하여 상품 생산에 반영하는 것이 일반화된 과정이다. 그래서 시장에서 고객과 판매자가 서로 만나 상품과 가격에 영향을 미치며 생산기술 향상과 상품의 고급화가 이루어진다.

그러나 미용산업은 이러한 일반적인 산업과는 여러 측면에서 많이 다르다. 우리는 미용산업의 이러한 특성을 알아 두는 것이 반드시 필요하다고 본다.

■ 무엇보다도 미용산업에서는 생산된 상품이 눈에 보이지 않는다는 것이다. 그래서 눈으로 보고 상품을 고를 수가 없다. 남이 산 상품은 볼 수 있지만 자기가 살 물건은 사전에 볼 수 없다는 것이 특이하다. 왜냐하면 미용이라는 것은 미용사가 눈에 보이지 않는 개인적 기술을 가지고 손님의 머리나 피부 등을 대상으로 개별적으로 서비스를 제공하여 그 자리에서 상품을 만들기 때문에 미용사의 컨디션이나 손님의 특성에 따라 상품의 모양과 질이 수시로 달라지기 때문이다. 그래서 미용이라는 상품은

서비스가 끝나야 비로소 볼 수 있고 미용사의
기술도 평가할 수 있게 된다. 그러다보니
새로운 미용실을 찾는다는 것은 손님의
입장에서 볼 때 상품의 질에 대한 확신이 없기
때문에 상당한 모험이라 할 수 있다. 일단
구매를 해봐야 그 상품의 질을 평가할 수 있기
때문에 한번 마음에 들면 고정적으로 다니게
되는 이유 또한 그러하다.

■ 미용산업 제품의 또 다른 특성 중의 하나는
표준 상품이 없다는 것이다. 즉 같은 미용사가

같은 스타일의 머리 손질을 하더라도 손님에
따라서 그 모양이 각기 다르게 나타난다.
그래서 손님들 중에 저런 머리 모양을 원한다고
했는데 왜 이런 모양이냐고 불평을 하는 이유가
미용상품은 표준화가 안 되기 때문이다. 즉
같은 상품이라도 손님에 따라 모두 다르다.
그리고 같은 헤어디자인이라도 이 미용실에서
했느냐 저 미용실에서 했느냐, 같은
미용실이라도 이 미용사가 했느냐 저 미용사가
했느냐에 따라 완전히 다른 모습으로 나타날
수도 있는 것이 바로 미용상품의 특성이다.

■ 미용상품은 다른 물건과 달리 생산지에서 생산과 소비가
동시에 이루어진다는 점이 특이하다. 이러한 소비는 미용사라는
생산자와 손님이라는 소비자 사이에서 개별적으로 일어나는
행위로서 생산 자체가 소비이며, 그 소비는 개개인에 따라 형태가
달라서 대량 생산도 안 되고 주문이나 예약 생산도 안 된다.
오로지 현장에서 바로 주문식 생산과 소비가 일어나는 특이한
제품이다. 그래서 미용업은 무엇보다도 미용에 종사하는 인력을
고급화하여 고객 관리를 잘 해야 한다. 상품이 표준화되어 인정을
받는다면 상품 생산에만 전력하면 되지만 미용상품은 그렇지
못하기에 다른 어떤 상품보다도 고객 관리가 중요하다.

■ 미용상품은 저장할 수 없기 때문에 멀리 운송할 수도 없다.
구매하고 싶다면 본인이 직접 구매 현장에 가서 서비스를 사야
된다. 미용상품은 위에서 말한 것처럼 생산과 소비가 동시에
일어나기 때문에 여분의 제품이 생길 수도 없고 저장할 수도
없다. 따라서 미용실은 물건을 생산하는 공장이면서 판매장이고
연구실이며 AS센터이다. 그래서 소비량을 예측하여 사전에 미리
준비해 놓을 수 없어 손님이 몰리면 바로 바로 상품을 공급해 줄
수 없다.
　또한 미용사의 기술도 저장이 안 되기 때문에 그 날 사용하지
않은 기술은 원가가 그대로 남는 것이 아니고 소멸되어 없어져
버리기 때문에 완전 손해라고 하겠다. 그렇다고 손님에게
서비스를 많이 했다고 하여 원가가 더 들어가는 것이 아니기
때문에 손님이 많으면 많을수록 이윤은 더욱 높아진다. 그래서
열심히 노력하고 일하면 할수록 더욱 많은 수익을 올릴 수 있는
직종이라 하겠다.

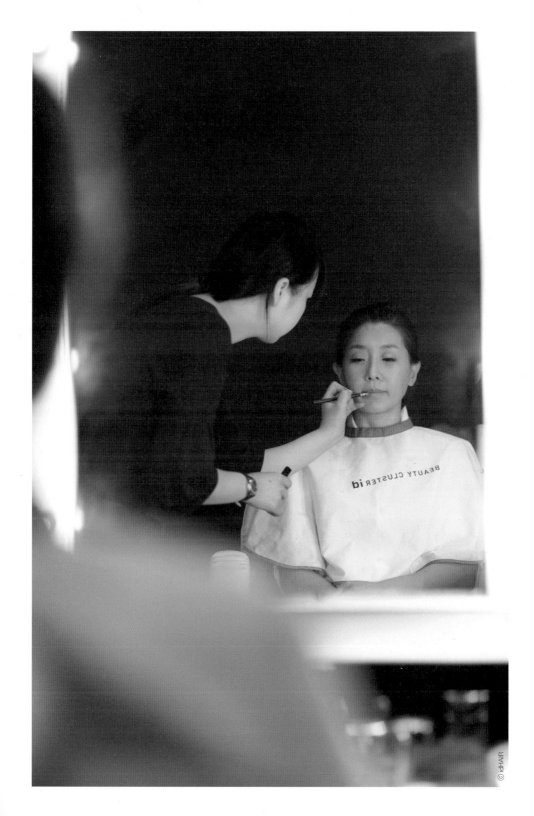

화장품의 종류

〈피부용〉
■ 기초 화장품 : 세안, 크림, 화장수, 팩, 마사지 크림, 모이스처 크림

■ 메이크업 화장품 : 파운데이션, 백반, 연지, 아이섀도우, 네일 에나멜, 공택제거액, 아이라이너

■ 바디 화장품 : 비누, 액체세정료, 입욕제, 선 스크린 크림, 선 오일, 방취 스프레이, 제모 크림, 방충 로션

〈모발, 두발, 두피용〉
■ 두발용 화장품 : 샴푸, 린스, 헤어 트리트먼트, 헤어 무스, 헤어 리퀴드, 포머드, 웨이브 로션, 헤어 칼라, 헤어 블리치, 칼라린스

■ 두피용 화장품 : 육모제, 헤어 토닉, 스캘프 트리트먼트

〈구강용〉
■ 구강용 화장품 : 치약, 마우스 워셔

〈기타〉
■ 방향용 화장품 : 향수, 오데코롱

미용 시장의 특성

인체를 아름답고 건강하게 관리하는 서비스 제공 및 관련
기기를 생산하는 미용산업은 날이 갈수록 그 수요가 폭발적으로
늘어남과 동시에 전문화, 세분화 되어가고 있다.

헤어미용, 피부 미용, 메이크업, 네일케어 분야로 나누어지는데
일반적으로 미용실에서 작업이 이루어지고 있다. 하지만 피부
미용전문샵이나 네일케어전문샵 등은 미용실과 분리되어
독립적으로 운영되기도 한다. 하지만 아직까지는 미용실 개념
속에 모두 포함되어 운영되는 경우가 많아 이로 인하여 대형
미용실이 등장하고 있으며 프랜차이즈로 발전하고 있다.

1960년에 전국적으로 약 7,000여 개소에 불과하던 미용실은
2007년에는 81,781개소로, 2012년에는 119,139개소,
2014년에는 129,484개소, 2017년에는 148,701개소, 2019년에는
158,693개소로 늘어났으며 앞으로 더욱 증가할 것으로 보인다.
특히 우리나라에서는 국민소득의 향상과 더불어 외모에 대한
관심이 증가하여 발전 가능성이 아주 높으며 남녀 차별 없이
능력껏 기량을 발휘할 수 있는 직종으로 평가받고 있다.

하지만 미용업에 종사하고자 하는 사람들이 많아 앞으로
미용업체 간의 경쟁이 심해질 것으로 보이며, 기술력 또한
세련화·개성화되지 않고는 우수한 고객을 확보하기 어려울 수
있다. 왜냐하면 미용은 단순히 머리를 다듬거나 피부를
마사지하는 초보단계를 넘어 유행과 패션을 만들어내는
것이기에 새로운 테크닉이나 트렌드에 대한 직업적 전문성을
갖추어야 비로소 경쟁력을 가지게 된다. 그렇지 않고는
경제적으로 여유 있는 고객들의 미적 욕구를 채워줄 수 없을
것이다. 다만 근무 환경이나 노동 조건은 직업 특성상 개선해
나가야 할 점이 있기는 하지만 이 역시 소득 증대와 더불어
원만하게 해결될 것으로 보인다.

이처럼 급속도로 성장하는 미용산업 시장은 2005년 약 3조 4천
억원에 달하였는데 2014년에는 5조 4,664억원, 2017년에는 6조

6025억원으로 성장하였다. 2022년에는 미용서비스 시장 규모가 약 9조원에 이를 것으로 보인다. 미용산업 시장의 규모는 이처럼 급속하게 팽창하고 있는데 오늘날에는 한방케어를 비롯한 미용 관련 제조업의 획기적인 발달에 힘입어 그 속도가 더욱 빨라지고 있다.

또한 미용업에 종사하고 있는 사람들은 2019년에 233,541명으로 5명 이하가 운영하는 미용실이 전체의 약 81%나 된다. 이는 우리나라 미용업이 영세성을 벗어나지 못하고 있다는 것을 보여주는데 미용산업 자체의 특성으로 볼 때 규모가 작다고 하여 불리한 것은 없다고 본다. 오히려 개성적이고 창의적인 미용 컨셉을 개발하여 고객들을 지속적으로 관리한다면 오히려 큰 미용실보다 경쟁력을 가질 수 있다.

미용은 개인의 용모와 어우러져 아름다움을 개성적으로 표현하는 생활예술산업이기 때문에 고객들의 호응도가 좋을 경우에는 경제적 수익이 엄청나게 클 수가 있다. 통계적으로 보면 연 수익이 1억원 이상이 되는 미용실들의 평균 수입이 연 2억 3,200만원인데 비하여 1억원 이하의 미용실들은 연 3,400만원에 불과하여 잘 되면 더 잘 되고 못되면 더 못되는 현상, 즉 고객들의 쏠림 현상이 심하게 나타나는 직종이라고 할 수 있겠다. 어떤 미용실이 잘한다고 소문이 나면 손님들이 몰리기 때문이다.

2019년 미용업종 별 매출액
■ 헤어미용: 4조7,576억원
■ 피부미용: 8,604억원
■ 네일아트 등: 4,118억원

미용 시장 현황

〈종류별 미용실 수〉

구분	2008년	2012년	2014년	2017년
헤어미용	97,238개소	99,706개소	106,266개소	115,206개소
피부 미용	10,181개소	14,232개소	15,618개소	20,150개소
메이크업 · 네일케어	2,928개소	5,201개소	7,600개소	13,345개소
합계	110,347개소	119,139개소	129,484개소	148,701개소

〈종류별 미용실 종사자 수〉

구분	2008년	2012년	2014년	2017년
헤어미용	141,702명	148,121명	160,533명	175,992명
피부 미용	18,622명	24,301명	25,486명	29,736명
메이크업 · 네일케어	6,548명	9,832명	13,175명	19,907명
합계	166,872명	182,254명	199,194명	225,635명

⟨2017년 전국 미용실 규모⟩

종사자 수	1~4명	5~9명	10~19명	20~49명	50~100명
미용실 수	143,442개소	4,004개소	1,029개소	210개소	16개소
비율	96.46%	2.69%	0.69%	0.14%	0.01%

⟨2017년 미용실 수익 규모⟩

연수익	5,000만원 이하	5,000~1억 원	1억~5억원	5억~10억 원	10억~50억 원	50억 이상
미용실 수	94,680개소	27,305개소	23,643개소	2,044개소	1,028개소	1개소
비율	63.67%	18.36%	15.9%	1.37%	0.68%	0.02%

미용 업계의 프랜차이즈화

　프랜차이즈 혹은 프랜차이징이란 제조업자나 판매업자가
소매점과 계약을 통해 상호, 특허 상표, 기술 등을 제공하고
수수료를 받는 영업시스템을 말한다.

　프랜차이즈는 상호나 기술을 전수해주는 본사인 프랜차이저와
본사의 상호를 걸고 전수받은 재료와 기술로 고객을 대상으로
영업을 하는 프랜차이지로 구성된다. 프랜차이즈는 보통 단일
전문 상품의 경우 본사의 운영 및 서비스 노하우와 가맹점 자본의
결합으로 본사로 볼 때는 비교적 손쉽게 사업을 확장할 수 있고,
개인이 새로 사업을 시작할 때 성공한 회사의 노하우를 빌려오기
때문에 실패할 확률이 적어 오늘날 애용되는 영업시스템이다.

　미용업 역시 단일 서비스업이면서 전문적 기술이 필요한
직종인데다 대외적 인지도가 영업에 많은 영향을 미치기 때문에
프랜차이즈사업으로 각광받고 있다. 그래서 2006년도에 조사된
바에 의하면 미용업 중에서 프랜차이즈 방식으로 운영되고 있는
미용실이 전체 1.3%로 나타났는데 이들이 미용산업시장의
24%를 점유하였다. 결국 프랜차이즈 방식으로 미용업을 하는
경우에는 본사에서 요구하는 일정액 이상의 자본이 투자되기

때문에 비교적 규모있는 미용실을 운영하게 된다. 특히
인테리어나 서비스 부분은 작은 규모의 영세 미용실이 따라오지
못할 정도가 되니까 당연히 고객의 반응이 좋을 수밖에 없다.
우리나라 미용실의 97.5%가 영세한 것을 생각해볼 때 이러한
현상은 자연스러운 것이라 볼 수 있다.

이제 미용업계도 자본이 고객의 수요를 만들어내는 현상이
일어나고 있는 것이다. 그래서 비록 미용실 개수는 적지만 그들이
미용시장의 1/4 이상을 점유할 수 있었던 것은 바로 이러한 이유
때문이다.

이런 프랜차이즈 미용실은 2014년에 전체 미용실의 1.9%에
달하는 2,506개소로 늘었고, 2017년에는 3,459개소로 늘어났다.

현재 프랜차이즈는 헤어미용을 중심으로 이루어지고 있는데
피부 미용이나 네일아트 분야도 프랜차이즈 형태가 증가하고
있는 추세이다.

또한 처음에는 개인이 조그맣게 시작한 일부 미용실도 요즘
들어 프랜차이즈로 전환하는 사례가 증가하고 있다.

미용업의 프랜차이즈가 미용산업 전체에 미치는 파급 효과는

2021년 국내 주요 프랜차이즈 본사와 가맹점 수

■ 박승철 헤어스투디오
: 206개점

■ 박준 뷰티랩
: 91개점

■ 이철 헤어커커
: 195개점

■ 이가자 헤어비스
: 130개점

■ 준오 헤어
: 154개점

■ 리안 헤어
: 448개점

실로 크다고 하겠다. 최근에는 시장의 국제화까지 대두되면서
국내 미용 서비스 산업의 경쟁력 강화가 요구되는 실정이다. 그로
인해 미용업의 산업화와 선진화를 가능하게 할 프랜차이즈에
대한 관심도 높아지게 되었다. 국내 미용실 프랜차이즈 업계는
박승철 헤어 스튜디오를 비롯하여 리안 등이 100호점을 넘었으며
박준 뷰티랩, 이가자 헤어비스에 이어 관리형 브랜드들도
늘어나고 있다.

최근에는 프랑스 미용업체 쟈끄데상쥬를 비롯한 외국
프랜차이즈 업체가 국내에 등장하기도 하였다.

반면에 우리나라 미용서비스업체도 현재 외국으로 진출하여
해외에 241개의 지점을 가지고 국제사회에서 경쟁하고 있다.

이처럼 미용서비스업의 프랜차이즈화는 브랜드화를 통한
이미지 효과 창출은 물론이고 자본과 기술력을 바탕으로 공동
마케팅과 네트워킹을 통하여 물류비를 절감할 수 있다. 동시에
미용분야의 최신 트렌드를 실시간으로 입수하여 그에 따라
미용인력을 재교육함으로써 국제적 경쟁력을 높여 사업의
안정을 기할 수 있는 방법 중의 하나이기도 하다.

국내에 진출한 외국
프랜차이즈 미용업체와
가맹점 수

■ **자끄데상쥬(프랑스)**
: 12개점

■ **모즈헤어(프랑스)**
: 22개점

■ **프랑크프로보(프랑스)**
: 8개점

■ **토니앤가이(영국)**
: 16개점

〈해외 진출 주요 미용서비스 업체〉

회사명	진출 국가	해외 지점 수
이훈 헤어칼라	중국	150개
이가자 헤어비스	중국 싱가폴, 미국, 호주	42개
박준 뷰티랩	미국, 필리핀	13개
박승철 헤어스투디오	중국, 미국	4개
리안헤어	중국, 베트남	7개
미랑컬헤어	중국, 호주	5개

04 남성과 미용

남성 미용

최근 여성의 전유물로 여겨 왔던 미용시장에 남성의 등장은 미용의 새로운 트렌드로까지 부상하고 있다. 그래서 웬만한 백화점에는 남성을 위한 전문매장이 준비되어 있으며 원스톱 쇼핑과 함께 남성전용 네일케어샵, 남성전용 마사지센터, 남성전용 피부 미용실 등 다양한 미용서비스도 제공된다.

외모의 아름다움에 신경 쓰는 것은 여성들이 하는 것이고 남성은 미용과는 거리가 있다는 생각은 오늘날 변한지 벌써 오래 되었다. 미혼남성들에게 있어서 피부관리, 악세서리 구입은 낯설지 않은 일이며 생활의 상당한 부분을 차지하고 있음을 조사결과 나타나고 있다.

한 조사에 의하면 우리나라 남성들의 피부관리에 대한 의식은 세계 수준으로 2010년 한국 남성 스킨케어 시장 규모는 전 세계시장의 18%로 1위를 차지했다.

이와 더불어 남성을 위한 화장품이 발달하고, 남성을 위한 미용사뿐만 아니라 남성미용사도 해가 갈수록 늘어나고 있다.

우리나라 남성화장품 시장은 2010년에 벌써

8,000억원이었으며 2011년에는 1조원을 넘어 급속도로 성장하고 있다. 이러한 현상은 한국만의 특이한 현상이 아니고 전 세계적으로 일어나는 보편적 현상이라는 점에서 앞으로 미용시장에서 남성의 중요성은 갈수록 커질 것으로 본다.

이처럼 미용산업에 있어서 남성의 업그레이드는 일시적 현상이 아니고 현대 사회 자체의 성격 변화 자체에서 보는 시각이 많다.

한 연구에 의하면 여성의 사회활동이 활발해짐에 따라 남성에 대한 여성들의 생각도 바뀌어 군림하는 터프한 남성보다는 여성에게 협조하는 남성, 육아를 도와주는 남성, 부드럽고 매너 있는 남성을 선호하는 방향으로 변하였다고 한다.

또한 남성도 자신의 외모에 자신이 있는 사람, 웰빙적 지식이 있고 건강한 생활에 의미를 두는 경우, 미용에 대한 지식이 많을수록 미용에 대한 남성들의 관심은 높은 것으로 나타났다.

이와 더불어 남성과 여성의 사회적 활동 영역의 경계가 허물어져 전통적으로 여성 전문 직업에 남성들의 참여가 자연스러운 현상으로 받아들여지고 있다.

이러한 사회적 흐름 속에서 미용사도 이제 여성 전유물의 시대를 지나갔다. 사회생활에서 성 역할에 대한 구분이 모호해지면서 경쟁적 관계도 남성 여성을 넘나들어 아름답고 건강한 외모가 경쟁력을 한층 높여주기 때문에 미용에 대한 관심은 이제 여성만의 것이 아니게 되었다.

남성 미용사

우리나라 최초의 경성이용원 원장이었던 '현희운'으로부터 시작된 남성의 미용업계 종사 사례는 새로운 것이 아니다. 물론 현희운 원장이 직접 미용을 한 것은 아니지만 화장품과 미용에 대한 전문적인 지식을 갖고 미용업에 종사한 대표적인 남성이다.

1895년 단발령 이후 우리나라 최초의 왕실 이용사였던 '안종호' 역시 남성이었다는 것을 보면 우리나라에서 미용업에 대한 남성들의 활동도 그 역사가 오래되었다.

그러나 1930년대부터 미용업은 점차 여성의 전유물이 되었으며 최근까지 우리는 미용에 대한 이미지를 여성적으로 파악해 왔다. 하지만 미용시장의 확대와 미용에 대한 인식의 변화와 더불어 남성미용사들의 숫자도 점차 늘어나기 시작하여 2007년에는 전체 헤어 미용사 118,184명 중 11.3%가, 2009년에는 12.0%가 남성 헤어미용사였다. 또한 전체 미용사 자격증 취득자 중 남성의 비율이 2010년에는 12.1%에서 2018년에는 16.6%로 늘어났다. 이처럼 남성미용사는 꾸준히 증가 추세에 있다.

남성 화장품의 종류

- 피부용: 스킨, 로션, 비비크림, 에센스, 마스크시트, 스크럽, 클렌징폼
- 모발용: 헤어왁스, 헤어스프레이, 헤어에센스
- 면도용: 쉐이빙 크림, 쉐이빙폼
- 방향용: 향수, 에센스

Part Two
Who & What

헤어 미용은 모발을 자르는 커팅(cutting), 퍼머(perm), 드라이(dry) 및 컬러링(coloring) 등의 기법을 사용하여 고객이 원하는 머리 스타일을 만들거나 고객의 신체적 특성과 어울리는 헤어의 아름다움을 창조하는 기술이다.

일반적으로 헤어 미용사는 고객의 요구 사항을 듣고 전문가로서 고객에게 조언을 하여 미용사와 고객 간의 헤어스타일에 대한 합의점을 찾아 미용을 해준다.

머리 미용은 신체 중에서 가장 중심이 되는 핵심 부분이기 때문에 얼굴 모습에 어울릴 뿐만 아니라 신체 전체와의 균형도 고려하여 고객 개인의 개성이 표현되도록 디자인되어야 한다. 특히 두발이 가지고 있는 장식적 기능은 개인의 이미지에 많은 영향을 주는 요소인 까닭에 아름다움을 중요시하는 여성에게 있어서는 헤어스타일이 곧 자신의 대변인과도 같은 역할을 한다. 즉 자기가 추구하는 가치나 내면 세계까지 헤어 미용에 담고자 하는 것이다.

따라서 헤어 미용은 일반 예술보다도 어떤 면에서는 더 힘든 작업이 될 수도 있다. 사람의

마음을 담고 있는 헤어스타일이기 때문에
우리는 마음이 바뀔 때에 머리 모양도 바꾸는
경우를 종종 겪게 된다. 헤어스타일은 그
사람의 보이는 마음이기 때문이다. 그만큼 헤어
미용은 중요한 작업이며 또 힘든 고뇌의
결과물이기도 하다.

이러한 미적인 측면에서 헤어 미용에
못지않게 건강한 모발을 가꾸는 것 역시 헤어
미용의 주요한 활동이다. 모발 화장품이나
모발에 대한 마사지, 브러싱(brushing), 기타
기구를 이용한 건강한 모발의 관리 또한 헤어
디자이너가 하는 중요한 일이다. 이를 위하여
헤어 미용사는 레이저나 헤어 아이론 또는 헤어
스티머 등의 기능과 효과를 고려하여 고객이
원하는 이상의 서비스를 제공해야 한다.

현재 미용서비스업 중에서 헤어 미용 부문이
가장 비중이 높아 전체 매출액의 약 80%를

차지하고 있다. 그래서 미용실하면 먼저 헤어
미용이 떠오르게 되는 것이다.

이처럼 수익에서 헤어 미용이 차지하는
액수가 절대적이기에 국내 프랜차이즈형
헤어샵들은 각기 자체 교육기관(아카데미)을
운영하여 헤어 디자이너의 기본적인 기술 습득
이외에 풍부한 경험을 전수하고 독창적인
헤어디자인을 개발하여 보급하는 등 체계적인
교육과 기술을 가르치고 있다.

헤어 디자이너 세계에서는 현장경력을
중시할 뿐만 아니라 선후배간의 위계가
엄격하므로 견습 기간은 물론이고 근무하는
동안 그 지위와 역할 구분이 명확하다.

일반적으로 미용사의 직급은 보조, 인턴, 미용사 그리고 디자이너 네 단계로 구분된다.

보조란 미용실에서 다른 미용사들의 일을 돕는 사람으로 고객의 머리 감기기에서부터 바닥청소, 잔심부름에 이르기까지 온갖 허드레일을 맡아 하는 사람이다. 이 시기에는 직접 시술은 허용되지 않으며 철저하게 상급자가 시키는 일만 해야 한다. 보조생활은 6개월에서 1년 정도 하는 것이 보통이다.

'인턴'이 되면 처음으로 손님을 접하지만 미용사나 디자이너가 작업 범위를 세분해서 정해준다. 퍼머의 롤러를 세팅하는 일과 같이 기술력이 디자이너와 차이가 크지 않은 것들이 대부분이다.

대게 1년 정도 지나면 미용사의 일을 할 수 있게 되며, 견습기간은 끝났지만 아직 독립 기술자로 인정을 받지는 못한다. 쉬운 커트와 학생 커트, 정형화된 파마는 마무리까지 직접 하게 된다.

2~3년 정도의 미용사 생활을 거치고 난 후에 비로소 '디자이너', '스타일리스트'가 된다. 이는 헤어 디자이너 쪽에서는 최고의 단계이다. 이제는 자신만의 스타일을 구상하고 완성시킬 수 있게 된다. 직접 스타일링을 구상하는 헤어 디자이너가 되기도 하지만, 영역별 전문가가 되는 경우도 있다. 염색 전문가, 모발관리 전문가, 커트 전문가가 그러한 예이다.

위에서 언급했던 대로 경력이나 직무내용에 따라 단계가 나누어지지만 명칭이 통합되어 있지 않기 때문에 보조와 인턴을 '스텝'이라 하여 청소, 샴푸를 하거나 미용사나 디자이너가 정해주는 업무를 맡기기도 한다. '원장', '실장'은 자신이 미용실을 개업하여 영업을 하고 있는 사람을 지칭하여 말한다.

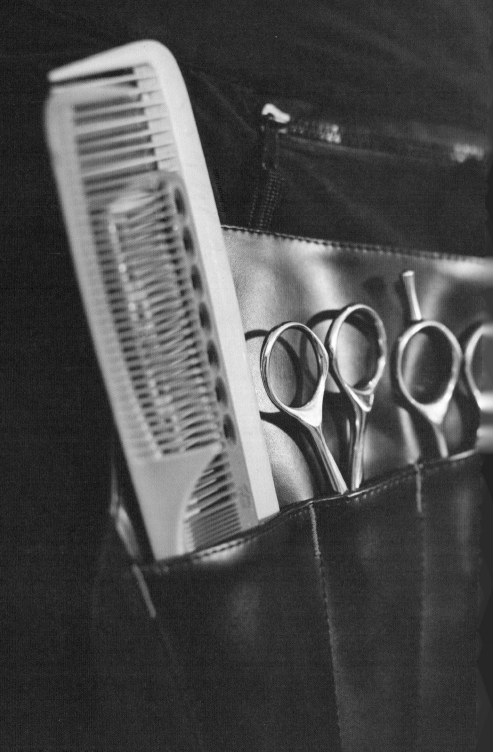

헤어 미용사가 하는 일

- 헤어컷트 : 가위, 빗 등의 미용 기구를 사용한 머리카락 조형
- 퍼머와 염색
- 머리를 감기고 헤어드라이어로 원하는 스타일을 연출
- 신부화장
- 두피마사지, 얼굴마사지
- 화장과 손톱정리
- 고객의 용모 및 머리 결에 따라 어울리는 헤어스타일 연출
- 미용 기구 사용

미용사의 직급

보조

↓

인턴

↓

미용사

↓

디자이너

↓

실장 or 원장

취업 시 일하는 형태와 근무시간

일반적으로 주요 헤어샵의 경우에는 1년 중 설과 추석을 제외하고는 휴일이나 일요일도 없이 거의 매일 영업을 하는데 고객들이 자신들이 쉬는 휴일이나 일요일에 헤어샵에 오는 경우가 많기 때문이다. 그 대신에 미용실 직원들은 평일에 교대로 쉰다.

영업시간은 보통 오전 10시 30분에 시작하여 밤 8시쯤 끝나는데 주말 영업시간은 평일보다 1시간 정도 긴 밤 9시에 끝난다. 어떤 매장의 경우에는 오전 8시부터 영업을 시작하는 곳도 있다. 평균적으로 볼 때 하루 10시간 이상 근무 한다고 보면 된다. 이는 자영업의 경우와 거의 같다.

헤어 디자이너는 보통 오전 10시에 출근하지만 스텝의 경우엔 1시간 빠른 9시나 9시 30분 출근하여 청소와 정리정돈을 한다. 스텝은 하루 일과 중에 수시로 미용실 바닥의 머리카락을 치우거나 삼푸실을 정리정돈한다. 그리고 미용실에 근무하는 모든 스텝부터 디자이너까지 개성 있는 스타일과 근무복장을 함으로써 방문하는 고객에게 시각적인 서비스를 통하여 자신들의 이미지를 전달하기도 한다.

일반적으로 미용실에서 하루의 일과를 시작하기 전에 잠깐 조회를 하는데 이때 점장으로부터 주요 일정에 대한 보고를 듣고 서로 의견을 나눈다.

조회가 끝나면 하루 일과가 시작되는데 견습생인 스텝은 헤어샵에 찾아온 고객을 디자이너가 일할 수 있도록 안내하는 일을 맡아서 한다. 일단 디자이너에게 배정된 의자에 고객이 앉으면, 스텝은 고객에게 잠지나 차를 권하는 서비스를 제공하며 디자이너를 도와 그의 작업을 보조하게 된다.

'스텝' 2명당 1명의 '담당 디자이너'가 배치되는데 스텝들은 그 디자이너에게서 주요한 지시와 명령을 받는다. 그래서 스텝과 담당 디자이너 사이의 업무관계는 전통적인 도제관계와 유사하며 실제로 스텝들은 디자이너에게서 다양한 기술과 노하우를 전수받게 된다.

또한 주요 헤어샵들은 독자적인 교육프로그램을 만들어 자체적으로 교육훈련을 하는데 헤어 디자이너와 스텝 모두 정기적으로 이 교육을 이수해야 한다. 자체 강사나 수석디자이너가 직접 교육을 담당하는데 직원들은 이런 자가연수를 통하여 기술을 연마하고 지도를 받으면서 헤어미용사로서 경력을 쌓아간다.

스텝들에 대한 교육은 실기 위주로 진행된다. 프랜차이즈 샵일 경우에는 가까운 인근 지점의 스텝들과 함께 교육을 받는다. 그런데 이런 자체 연수교육은 꼭 스텝들만 받는 것은 아니다. 미용사나 디자이너 역시 보다 높은 레벨의 교육을 받기 위해서는 교육에 동참하여 스스로의 내공을 쌓아간다.

교육은 실기를 겸한 강의와 테스트로 이루어지며 시험에 통과하여야 상급 과정에 참여할 자격이 주어진다. 즉 일정 기간 동안 근무하면서 실습과 교육을 거쳐 보조, 인턴, 미용사로 승진하며 최종적으로 헤어디자이너가 된다.

헤어디자이너가 된다는 것은 자신만의 역량으로 헤어미용을 책임지고 할 수 있는 자격을 갖는다는 것이며 자신의 업무 분야에서 다른 견습생을 지도할 능력을 인정받게 되는 것이다.

자영업 시 일하는 형태와 근무시간

　미용사 자격증을 받고 바로 개인 미용실을 운영해도 되겠지만
일반적으로는 먼저 유명 미용실 스텝으로 근무하여 경험을 쌓은
뒤 자신의 미용실을 오픈하는 것이 비교적 성공할 확률이 높다.

　개인 미용실을 오픈할 경우에는 미용 실력뿐만 아니라 경영
마인드도 필요하기 때문에 유명 헤어샵의 디자이너로 일할
때보다 더 힘들 수 있다.

　그런데 최근에는 1인 미용실이라고 해서 스텝 없이 디자이너
혼자서 운영하는 미용실도 많이 등장하였다. 이럴 경우 스텝이
하는 업무를 디자이너가 동시에 하게 된다. 즉 혼자서 스텝,
디자이너 및 경영주의 역할을 한다는 것이다. 그러다보니 비록
힘이 들지만 적은 자본으로 자신만의 미용실을 운영할 수 있어서
실력에 자신이 있다면 도전해보는 것도 좋다. 특히 처음 미용실을
운영할 때에는 위험 부담을 줄일 수 있고, 미용업 자체의 특성 상
실력이 인정받게 되었을 때 직원을 고용하여 미용실을 확장
운영한다면 보다 효율적일 것이다.

　미용실의 영업시간은 스스로 정할 수 있으나 보통 오전
10시에서 10시 반 사이에 오픈하는 것이 일반적이기에 자신의
생활 상황에 맞게 업무 시작 시간을 정하고 그 이전에 가게로
나아가 준비를 해야 한다. 휴일도 큰 헤어샵과 달리 일주일에
한번 미용실 문을 닫고 쉬는데 이 역시 자신의 생활 상황에
맞추어 일요일에 쉴 수도 있고 평일에 쉴 수도 있다.

　하루 일과가 시작되면 가게 청소를 하고 물품과 도구 · 장비를
점검하며 샴푸를 비롯해 미용에 필요한 부족한 재료들을 미리
주문하고 도착한 물품들은 이상이 없는 지 살핀 후 지정한 위치에
정돈하여 둔다.

　혼자서 미용실을 운영하는 것은 힘이 들기는 하지만 헤어
디자이너라는 전문직을 가진 1인 기업이라고 생각하고 자신만의
경영전략을 세워 열심히 뛰어보는 것도 좋다. 그리고 프랜차이즈
미용실의 가맹점이 되어서 유명 상호를 가지고 스텝들을

고용하여 운영하는 것도 위험 부담이 적어 괜찮다. 하지만 본사에
일정액의 수수료를 계속 지급해야 되므로 어느 방식이 좋은지
자신의 상황에 비추어 결정하면 된다. 프랜차이즈 방식으로
일하고자 할 때는 초기에 비교적 많은 자본이 필요하다는 것을
생각해야 한다.

미용실을 오픈하기 위해서는 필요한 미용사 자격증뿐만
아니라 면허증도 필요하다.

미용사가 되려는 자는 공중위생법에서 규정한 요건을 갖추어
미용사 자격을 취득한 뒤 시ㆍ도지사의 면허를 받도록 하고 있다.
미용사 자격증이 미용에 관한 전문적 지식과 기술이 있다는 것을
증명하는 것이라면 면허증은 미용 영업을 할 수 있다는
허가서라고 할 수 있다.

그래서 미용사 면허증을 발급 받고 미용업 영업신고를 관할
세무서에 하면 그때부터 자신만의 미용실을 갖게 되며 이후에는
최선의 노력으로 열심히 일하면 된다.

헤어 미용사의 일하는 환경

헤어 미용사가 일하는 환경은 시설과 규모에 따라 약간씩
차이가 있을 수도 있지만 크게 다르지 않다.

미용업 자체가 서비스를 제공하는 일이기 때문에 미용실은
일반적으로 인테리어나 실내 환경이 비교적 양호한 시설이다.
그래서 미용사들이 일하는 환경은 비교적 괜찮다. 그러나, 동네의
조그마한 미용실일 경우에는 상황이 달라질 수 있지만
아름다움과 관계되는 직업인 만큼 스스로 환경에 신경을 쓰면
그만큼 개선 될 여지가 얼마든지 있다. 즉 자신이 노력하는 만큼
좋은 환경에서 일할 수 있다는 것이다.

미용사는 다른 사람의 아름다움을 만들어주고 이미지를
돋보이게 해주지만 자신의 생활도 개성 있게 꾸려 나갈 수 있는
내면적 세계를 가진 멋진 직업이라 할 수 있다.

어느 정도 규모 있는 미용실의 경우에는 미용사들을 위한
별도의 휴식 공간이 있어 손님이 많지 않을 때에 교대로 휴식을
취하기도 한다. 하지만 견습생일 때에는 이러한 휴식시간에도
바닥을 청소하고 장비를 정비하는 등의 자지레한 일들을 한다.

미용실은 일반적으로 한 지역의 중심에 해당하는 문화의
거리에 위치하는 경우가 많으며 동네에서도 교통이 편리하고
일반인들의 접근이 쉬운 지역에 자리한다. 그래서 비교적
출퇴근이 용이한 편이다.

또한 동일한 지역이라도 손님들의 편의를 위하여
생활시설들이 밀집한 구역이나 건물에 입점하기 때문에
미용사들이 일하는데 여러모로 도움을 쉽게 받을 수 있는
환경이다.

헤어 미용사의 보수

국내 주요 헤어샵 스텝들은 하루 10시간에서 12시간의 장시간 일을 하면서도 80~100만원 내외로 보수가 주어진다. 스텝은 월급제이지만, 디자이너가 되면 '특수고용 노동자'로 전환되어 업체와 수익 배분 즉, 인센티브형식으로 바뀌게 된다.

스텝들의 평균 월 급여는 90만원 수준이지만 주당 근무시간은 65시간이다. 이를 시급으로 계산해보면 3,000원 정도로 적은 액수이다. 그러나 쉴 사이 없이 계속 일해야 하는 것은 아니기 때문에 어떻게 보면 휴식시간까지 계산되고 있다고 봐야 한다.

스텝기간이 끝나고 정식으로 헤어디자이너가 되면 180~220만원 정도의 월급을 받게 된다. 그런데 만일 능력이 있다고 인정된 헤어 디자이너라면, 프랜차이즈 헤어샵에서 일할 경우 인센티브 개념으로 돈을 받게 되는데 그 액수는 천차만별이라서 헤어샵의 규모와 영업 실적에 따라 월 500만원에서 1억에 가까운 월급을 받는 사람도 있다. 이처럼 헤어미용사들은 자신의 능력을 마음껏 발휘하여 인정을 받는다면 자신의 능력에 맞는 급여를 받을 수 있는 직업이다.

헤어 미용사의 좋은 점

■ 다양한 사람들을 만날 수 있는 기회가 많다는 것은 헤어 디자이너의 장점이다. 무엇보다도 미용은 고객 맞춤형 서비스이기 때문에 다른 어떤 직종보다도 손님과의 대화가 필수적이다. 이런 대화를 통하여 다양한 고객들과 다양한 의사 교류를 할 수 있고, 경우에 따라서는 직업적 대화 관계에서 인간적 교류로 발전할 수 있다. 이는 사회생활에 있어서 인적자원이라는 측면에서 많은 힘이 될 수도 있다.

■ 전문직이기 때문에 공간과 시간의 구애를 받지 않고 일 할 수 있다. 특히 고객의 취향에 따른 개별적 서비스를 본질로 하는 미용 기술이다 보니 다른 전문가들의 간섭이나 지시를 받지 않고 독자적으로 자신의 실력만으로 일을 할 수 있다. 또한 일반 직장과 다르게 정년퇴직이라는 것이 없어 자신의 건강만 괜찮다면 나이가 들어도 계속 일을 할 수 있고, 미용도구만 갖추면 어디든지 방문하여 서비스를 제공할 수 있기 때문에 봉사활동이나 다른 특수한 환경에서도 개의치 않고 작업을 할 수 있다.

■ 패션이 끊임없이 발전 · 반복되기 때문에 헤어 디자이너 역시 계속해서 자신의 스타일을 연구하고 공부할 수 있다. 특히 오늘날 한류의 열풍이 전 세계적으로 펼쳐져 국제사회에서 우리나라의 문화에 대한 이해가 어느 때보다 높아 한국의 미용사가 세계 곳곳에서 능력을 발휘할 수 있는 기회가 있다는 것 또한 매력점이다. 그래서 자신의 미적 감각을 살려 전 세계 어느 곳에서라도 자신의 예술적 재능을 발휘해 볼 수 있으며 자신의 내면적 욕구를 충족시킬 수 있다.

■ 자신만의 능력과 노력, 그리고 인간성으로 사회에서 비교적 정직하게 평가받고 대우 받을 수 있는 직업이다. 미용은 개인의 대외적 이미지와 직결되는 작업이기 때문에 좋고 싫음에 대한 고객들의 평가가 어느 상품보다도 빠르고 정확하다. 그래서 능력있고 성실한 미용사들은 금방 고객들의 입에 오르내리며 광고하지 않아도 손님들이 찾아오게 된다. 이렇게 반응이 좋으면 취업일 경우에는 월급이나 근무 조건이 상향 조정될 것이고 자영업일 경우에는 수익이 급속도로 늘어날 것이다.

헤어 미용사의 힘든 점

■ 미용은 개별적 서비스가 그 본질이기 때문에 표준화된 업무 지침이 없어 손님마다 그 손님의 요구 사항을 듣고 거기에 맞게 작업해야 한다. 그러다보면 본의 아니게 손님의 취향과 다른 결과가 나오는 수가 발생할 수도 있는데 그러한 경우 많은 스트레스를 받게 된다. 또한 손님의 성격이 까다로워 기술적으로 표현되지 않는 사항까지 무리하게 요구하게 되면 스트레스 차원을 넘어서는 심리적 갈등을 겪게 되기도 한다.

■ 화학 약품에 장시간 노출되어 있어서 호흡기나 피부 계통의 여러 가지 질병에 노출될 위험이 있다. 미용사들이 주로 사용하는 퍼머약이나 염색약, 또는 중화제 등의 화학약품은 비록 안전하지만 미용사의 입장에서는 장시간 노출되기 때문에 문제가 발생할 수도 있다. 특히, 미용업에 종사하는 여성들의 대다수가 10대 후반에서 20대 초반의 어린나이에 미용일을 시작하는 여성이기 때문에 이로 인하여 생리통이나 생리주기, 호흡기계 질환 등의 건강상태에 영향을 받을 수 있다는 점을 염두에 두어야 한다.

■ 네일아트와 달리 헤어미용은 대개의 경우 미용사가 서서 작업을 한다. 그러다보니 하루 종일 서서 일하는 시간이 많아 하지정맥류, 관절통 또는 허리디스크 등의 문제가 발생하기도 한다. 따라서 미용사들은 휴식시간에 수시로 몸을 스트레칭하는 습관을 길러야 업무로 인한 건강상의 문제를 미리 예방할 수 있다.

■ 단순 반복 작업으로 인한 심리적 부담감 역시 적지 않다. 특히 동네 조그만 헤어샵의 경우에는 하루 종일 거의 같은 일을 반복적으로 하게 되는데 이럴 때 미용사는 심리적 갈등을 많이 겪게 된다.

피부 미용은 아름다움을 만드는 과학이다.

피부 미용사는 고객의 피부 분석을 통하여 위생적인 환경에서 얼굴이나 신체의 피부를 아름답게 가꾸고 관리하는 일을 하는 전문가이다.

그래서 피부 구조와 인체에 대한 이론을 바탕으로 피부 유형과 상황을 판별한 뒤 다양한 응용 에스테틱, 비만관리, 기기관리 등을 제공함으로써 아름다운 피부를 만들어 간다. 과학적 지식과 아름다움을 창조하는 예술이 만난 곳이 바로 피부 미용이라고 하겠다. 아름답고 건강한 피부를 만들기 위해 많은

과학자들이 동양의 전통 피부관리기법 및 자연 치유력에 대한 연구를 하는 것도 아름다움을 추구하는 현대인의 욕구를 과학적으로 해결하려는 시도인 것이다.

사실 피부는 미용에 있어서 가장 중요한 바탕이라서 건강하고 아름다운 피부를 만드는 것이 미용의 첫걸음이다. 따라서 오늘날 생활의 여유와 더불어 피부 미용은 고부가가치를 창출할 수 있는 웰빙시대의 총아라 할 수 있다. 피부 미용은 신체의 건강과 미용을 결합한 기술로 현대 사회의 모든 사람들의 관심을

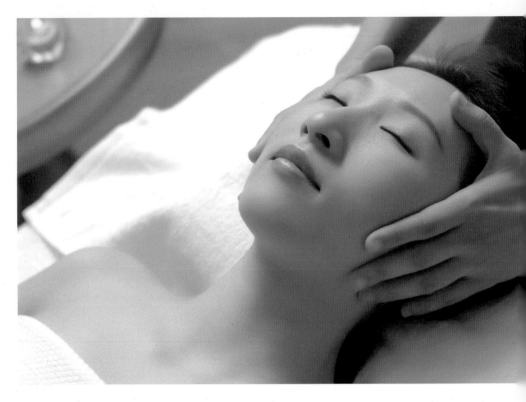

모으고 있다는 점에서 장래가 유망한 직종 중의 하나이다.

피부 미용사는 방문한 고객과 구체적인 상담을 통해 피부 유형을 파악한 후 피부에 쌓인 노폐물을 제거하고, 피부의 모공을 열어 팩과 마사지를 하는 업무를 수행한다. 고객의 피부상태에 따라 피부 미용기기를 사용하여 피부 관리 효과를 증가시키는 작업을 행하며 고객에게 피부개선 방법이나 평소의 피부 관리법, 화장방법 등을 조언한다.

이를 위해 피부과학에 대한 기초지식 이외에 해부학, 생리학, 화장품학, 영양학, 공중보건학, 기기관리학 등에 대한 전반적인 이해와 폭넓은 지식을 필요로 한다. 피부 미용이란 이와 같은 학문적 이론에 근거하여 피부와 근육에 물리적이고 화학적인 수단과 방법을 통한 케어를 실시함으로써 피부의 생리적 기능을

향상시켜 건강하고 아름다운 피부로 만들어주는 미용기법이라 하겠다.

따라서 피부 미용사가 되고자 한다면 피부학에 대한 기초지식 및 일반 의학상식을 이해하고 응용할 수 있는 학습 능력과 피부상태를 관찰하고 불필요한 털을 제거하는데 필요한 형태지각 판단력이 필요하다. 또 화장품을 사용하고, 피부를 마사지하며, 기계를 작동하기 위해 눈·손·손가락의 협응력과 손가락 재능 및 손 재능이 있어야 하며, 팔을 뻗고 오랫동안 서서 일할 수 있는 체력이 필요하다. 동시에 직접적으로 피부를 다뤄야 하기 때문에 세심한 주의력과 원만한 대인관계는 필수적이며 영업능력, 활발하고 붙임성 있는 성격과 친절성도 갖추어야 한다.

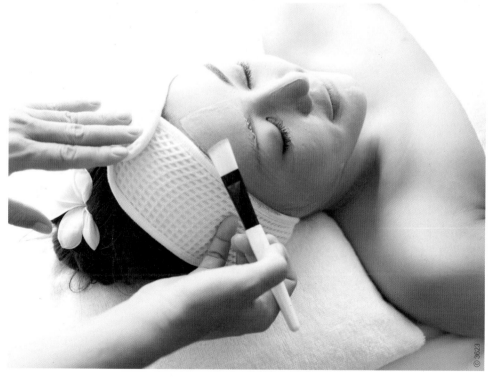

피부 미용사가 하는 일

- 미용실 청소와 기기 소독
- 고객 상담 및 조언
- 클렌징 : 클렌징 제품을 사용하여 노폐물
  제거
- 딥클렌징 : 온습포와 스티머를 사용한
  딥클렌징과 피부 소독 진정
- 영양제 도포 : 피부 상태와 특성에 맞는
  영양제를 사용
- 마사지 : 피부 상태와 종류에 따라 손과
  기기를 사용한 마사지
- 팩 또는 마스크
- 제모 : 왁스와 파우더를 사용한 위생적
  제모
- 메이크업 : 마무리 단계에서 고객의
  취향에 따른 기초 또는 색조화장
- 매니 · 페티큐어 : 손톱과 발톱 모양을
  다듬고 노폐물을 제거한 뒤 미용

취업 시 일하는 형태와 근무시간

피부 미용사는 자격증을 딴 후 경력과 직업에 대한 노하우를
쌓기 위해 피부관리실에 취업을 하게 된다. 자격증을 따기 위해
공부했던 것과 실무는 차이가 있기 때문에 이때부터 본격적으로
일을 배우게 된다고 봐도 무방하다.

보통 관리실은 10시부터 영업이 시작되기 때문에 9시에
출근을 하게 되고 퇴근 시간은 가게의 사정에 따라 달라진다.
대형 관리실에는 원장, 실장, 중상, 스텝으로 경력에 따른 직위를
갖는다.

처음 취업하면 수건이나 그 밖의 피부 관리 기구를 세탁, 소독,
청소하는 일 등의 잔심부름을 하면서 분위기를 익히게 된다.
고객을 관리하더라도 스텝 때에는 얼굴 보다는 바디 마사지를
하게 되며 경력을 쌓은 후 얼굴을 본격적으로 관리할 수 있게
된다.

주 5일제가 늘어나면서 직장인 여성들이 피부 관리를 위해
주말에 시간을 할애하는 일이 많으므로 피부 미용사는 주말
근무에 주 6일을 일하는 경우가 많다.

그리고 대형 관리실 보다는 2~3인이 일하는 소형 관리실이
많아 전체적으로 작업량이 많기 때문이기도 하지만 피부 미용
자체가 작업의 종류에 따라서 많은 힘을 필요로 하기에 일의
강도는 비교적 높은 편이다.

자영업 시 일하는 형태와 근무시간

피부 미용사는 미용사자격증을 취득한 후
기존의 다른 피부관리실에서 일하게 되는데
경력이 쌓이게 되면 자신이 피부 미용실을
창업하여 직접 운영할 수 있다.

피부 미용업의 창업 역시 헤어미용업과
마찬가지로 미용사자격증을 받은 후
영업활동을 위한 시·도지사의 면허를 받도록
하고 있다.

미용사 면허증을 발급 받고나서 관할
세무서에 피부 미용업 영업신고를 하면 모든
절차가 끝나게 된다. 이런 과정을 거쳐서
의료기기나 의약품을 사용하지 아니하는
피부상태 분석, 피부관리, 제모, 눈썹 손질을
하는 자신의 피부 미용관리실을 개설하게 된다.
가게를 연 피부 미용사를 통상적으로
원장이라고 부른다.

원장은 보통 10시에 오픈을 하기 때문에
1시간 전에 와서 손님을 맞을 준비를 하게 된다.
가게를 운영할 경우 다른 피부 미용사들을
고용하는 경우가 많은데, 원장은 그들에게
청소를 맡기고 손님의 피부관리에 필요한
물건을 납품업체에 주문하며 그날 예약된
손님들에게 예약 확인 문자나 전화를 하게
된다.

피부관리실은 보통 오전 10시부터 오후
10시까지 운영되는데 고객들이 자신들의
업무를 마치고 방문하는 경우가 많기 때문에
비교적 늦은 시간까지 일을 한다. 그러나
무작정 늦은 시간까지 기다리는 것이 아니고

예약에 의해 작업을 한다. 따라서 예약손님이
없을 경우에는 사정에 따라 일찍 퇴근할 수도
있다.

일과 중 점심시간에는 일을 하지 않으며 업무
시간에는 고용한 피부 미용사들이 시간 단위로
고객을 관리하게 된다.

고객이 많을 경우에는 프론트에서 손님을
맞이하고 안내하며 전화를 받을 사람이
필요하기 때문에 데스크를 봐줄 사람을
고용하거나 원장이 그 일을 맡기도 한다.
원장이 직접 이런 일을 맡아서 할 경우에는
피부 미용관리 일은 하지 않는 수도 많다.
그러나 다른 피부 미용사를 고용하지 않는다면
이 모든 일을 원장이 혼자서 처리해야 한다.

상황에 따라서는 직접 피부관리실을
운영하는 것 외에 출장 피부관리사로
활동하기도 한다.

피부 미용사의 일하는 환경

피부 미용사가 일하는 피부관리실은 예약제로 운영하기 때문에 고객의 예약상태에 맞춰 근무하게 된다. 따라서 직장인 고객이 많으면 저녁 늦게까지 근무하는 경우가 많고 주말 근무가 잦다고 할 수 있다. 주당 평균 40시간 이상 근무를 한다.

단조로운 직무 환경으로 인해 지칠 수도 있으나 업무 환경과 스트레스에 관련한 조사 연구 결과 경력이 높아질수록 피부 미용사의 만족도가 높아진다는 결과가 있었다. 이는 어느 정도 숙달되고 나면 스스로 전문가로서의 자긍심과 동시에 생활과의 조율 능력이 높아져 직업에 대해 만족하는 것 같다.

피부 미용사가 근무하는 곳은 개인 피부전문샵이거나 아니면 병원이나 화장품 회사 부설 미용실에서 근무하기 때문에 다른 직장에 비하여 근무 환경은 대체로 깨끗하고 쾌적한 편이며 자신의 취향에 맞는 인테리어를 할 수 있어 정서적으로 안정감을 가질 수 있다.

그 외의 것은 헤어미용과 거의 같다고 보면 된다.

피부 미용사의 보수

피부 미용사의 수입은 일하는 상태에 따라서 많이 달라지는데 취업의 경우에는 경력에 따라 받는 급여가 다르다. 일반적으로 스텝 단계의 피부관리사는 보통 1,000~1,200만원 정도의 연봉을 받는다. 그러나 손님을 관리할 수 있고 이론적인 지식도 충분히 습득하고 나면 연차에 관계없이 연봉이 2,200~2,600만원 정도가 된다.

자영업으로 개업을 하게 되면 규모와 능력에 따라 다르지만 취업의 경우보다 못할 수도 있고 인기가 있으면 조그만 샵이라도 한 달에 800만원 이상의 고소득을 올릴 수도 있다.

피부 미용사의 좋은 점

■ 사회적으로 괜찮은 지위에 있는 다양한 사람들을 만날 수 있는 기회가 많다. 헤어미용은 거의 모든 여성들이 생활의 일부로서 하지만 피부 미용은 아직 우리 사회에서 일반화되지 않은 상황이다. 그래서 피부에 신경 쓸 정도가 되어 샵을 찾는 사람들은 대개 어느 정도 사회적 활동을 하거나 지위를 갖춘 사람들이다. 이러한 사람들을 고객으로 맞이하여 피부관리를 하게 되면 다양한 인적 관계를 자연스럽게 형성해 나갈 수 있어서 사회 활동에 도움이 될 수 있다.

■ 자신만의 업무 영역을 가지고 다른 사람의 간섭을 받지 않고 일할 수 있다. 피부 미용은 과학적 지식과 미용이 결합된 응용 산업분야로서 비전문가나 전문가라 하더라도 직접 시술을 하지 않을 경우 일반적이거나 상식적 측면에서의 지시나 간섭을 할 수 없다. 그래서 작업만큼은 자신의 소신대로 처리할 수 있어서 심리적 압박감이 적다. 사실, 피부 미용사는 경력이 많을수록 자신의 일에 자긍심을 갖고 만족하는 것으로 나타났다.

■ 피부 미용은 특별한 경우가 아니면 기기의 도움 없이 거의 미용사 스스로 서비스를 할 수 있기 때문에 고객의 상태에 따라 간단한 도구와 약품을 휴대하고 방문하여 서비스를 제공할 수 있어 미용실을 벗어나서도 작업을 할 수 있다.

■ 물질문명의 발달과 함께 정신적 스트레스로 인한 피부 트러블 문제가 심각한 상황으로 나아가자 이를 근본적으로 치유하기 위한 노력이 어느 때보다 집중되고 있는데 의료적 해결보다는 대체의학 쪽으로 관심이 쏠리고 있다. 그래서 앞으로 피부 미용은 사회 진출과 전문직을 갖고자 하는 여성들에게 많은 기회를 제공하는 환영 받는 직업이 될 것이다.

■ 성실하게 노력을 한다면 누구든지 합당한 보상을 받을 수 있는 직업이다. 피부 미용은 고객의 신체에 직접적으로 행해지는 작업이기 때문에 서비스를 받는 고객의 입장에서 그 결과가 좋다면 자연스럽게 보상을 하게 된다. 특히 원만한 대인관계를 꾸려 나가는 성격을 가지고 있다면 더욱 그러할 것이다. 따라서 적은 투자로 막대한 경제적 수입을 가질 수도 있다.

피부 미용사의 힘든 점

■ 피부마사지와 같은 작업은 어느 정도 힘이
사용되는 일이라서 체력이 약한 사람의
경우에는 많이 피곤할 수가 있다. 그러나
스포츠마사지나 치료마사지와는 완전히 다르기
때문에 그렇게 많은 물리적 힘은 필요치 않다.
단지 반복되는 연속 동작으로 인한 피곤함이
여성들에게는 부담이 될 수 있다.

■ 작업하는 자세가 불편한 경우가 많아
근골격계의 이상이 발생할 수도 있다.

■ 단조로운 작업으로 인한 심리적 부담감 역시
적지 않다. 특히 동네 조그만 샵의 경우에는
하루 종일 지루한 느낌을 받을 수 있다.

■ 퇴근시간이 늦고 주말 근무가 많아 여성들일
경우에 가정생활에 많은 스트레스를 받을 수
있다.

> **피부 미용사 직업의 특징**
>
> 다른 전문 직종에 비해 근무시간, 휴일 수, 임금,
> 복리 후생 등 여러 가지 조건들은 열악하지만 평
> 생직업으로써 큰 위험과 부담이 없는 직종이며
> 결혼 후에도 육아에 맞게 시간을 조절하면서 일
> 을 지속적으로 할 수 있다. 하지만 부분적으로 물
> 리적 힘이 필요할 때도 있어 건강한 체력이 필요
> 하다는 것이 헤어미용과 다른 점이다.

메이크업은 말 그대로 화장품과 화장도구를 사용하여 어떤 부분은 더 돋보이도록 하고 또 어떤 부분은 수정이나 보이지 않도록 하여 개인이 갖는 이미지를 효과적으로 표현하는 미용방법이다.

이런 메이크업에는 오로지 개인의 아름다운 모습을 보이기 위해 하는 뷰티 메이크업이 있고 연극이나 영화 또는 광고처럼 어떤 모습을 의도적으로 연출하기 위한 분장 메이크업이 있다.

분장 메이크업은 상업적 · 예술적 필요에 의해서 모델들의 개성과 연출 목적이 결합된 이미지를 연출하거나 특수 메이크업 효과 등을 이용하여 광고, 방송, 영화 등의 작품에 맞게 인물을 재창조하는 일이다. 보통 분장 메이크업 아티스트들은 광고, 쇼, 방송, 오페라나 연극 공연계 쪽에서 일하면서 장면에 따라 등장하는 인물들의 화장을 맡아 한다.

이처럼 메이크업은 뷰티 메이크업과 분장 메이크업으로 크게 나누어 볼 수 있지만 메이크업 아티스트의 가장 주요한 일은 화장을 통해 아름다움을 연출하는 것이다. 고객의

요구를 파악하고 얼굴의 모양과 특성에 따라
화장을 하고 화장이 끝나면 고객의 헤어,
의상과 얼굴의 화장이 조화를 잘 이루고 있는지
점검하며 화장법에 대해 고객에게 조언하기도
한다.

메이크업은 분야에 따라 뷰티 메이크업, 웨딩
메이크업, 무대 메이크업, 광고 메이크업, 포토
메이크업, 패션 메이크업 등으로 분류되는데
뷰티 메이크업은 일반인들을 대상으로
졸업식이나 가족사진 촬영, 기념촬영, 면접이나
오디션을 준비하는 취업준비생에게 메이크업을
해주고, 웨딩 메이크업은 결혼을 앞둔 신랑,
신부를 대상으로 메이크업을 하는 것으로 크게
보면 뷰티 메이크업에 속한다.

그리고 무대 메이크업은 극중 인물의 성격과
등장하는 장소 등을 분석하여 그 인물에 맞는
이미지를 연출하며, 광고 포토 패션메이크업은

카달로그나 패션쇼, CF촬영에 나오는 모델을
대상으로 메이크업을 하는 것을 의미한다. 이런
메이크업은 분장 메이크업에 속한다고 보면
된다. 분장 메이크업 아티스트 중에 주로 TV,
연극, 영화 등에서 극의 내용을 고려해
연기자의 메이크업을 담당하는 사람을
분장사라고도 한다.

이처럼 메이크업 아티스트가 일하는 분야는
매우 넓으며 때와 장소, 목적에 맞는, 그리고
모델의 장단점 및 분위기에 맞는 메이크업으로
어떠한 상황에서도 연출할 수 있는 능력이
필요하기때문에 페이스페인팅, 바디페인팅 등
얼굴과 몸 등에 메이크업 제품을 사용하여
예술적인 메이크업을 연출할 수 있도록
끊임없이 연구하고 노력해야 한다.

메이크업 아티스트는 고객의 취향을 비롯해
피부타입, 신체구조, 성격 등을 파악하는

분석력과 유행의 흐름을 읽을 줄 아는 통찰력이
필요하다. 색에 대한 감각과 표현능력 · 창의력
· 성실성 · 인내심과 아름다움을 추구할 수
있는 열정이 필수적이라 하겠다.

　메이크업 아티스트는 개인 전문샵을 운영할
수도 있고 화장품과 관련하여 출장 서비스를 할
수도 있다. 물론 방송국이나 웨딩홀 등에
전속으로 일할 수도 있고 방송이나 영화 촬영
현장에 나가 일할 수도 있다.

　특히 영화, 연극 또는 TV방송 등과 관련하여
일을 할 경우에는 작품의 내용과 인물의 성격에
어울리도록 배우를 분장시키는데 극의
분위기와 시대적 배경에 맞는 스케치, 사진
등을 검토 · 분석한 뒤 분장 방법을 결정하며
사극의 경우 가발, 수염, 연지, 분, 물감 등의
재료와 화장품을 사용하여 배우의 용모, 피부
결, 체격 등 신체적 특징을 고려한 분장을 하게
된다.

　분장 메이크업 아티스트는 단순히
아름다움을 부각하기 위해서가 아니라 방송,
영화, 연극, 뮤지컬 등의 극중 인물, 작품 주제에
적합하게 메이크업을 하는데 그 목표가 있기
때문에 업무가 부여되면 시나리오나 대본을
검토하는 일부터 시작한다. 그래야만 배우의
정확한 이미지를 파악하여 메이크업을 할 수
있기 때문이다.

　따라서 분장 및 화장기술을 이해하고 실제
적용할 수 있는 학습능력과 작품의 내용을
이해하고 배우의 외모와 체형을 고려하여
등장인물의 외모, 헤어스타일 등을 연출할 수
있는 능력이 요구된다. 아울러 색조의 조화
또는 대조 되는 특수효과를 얻기 위하여 적합한
분장 재료 및 화장품을 선택하기 위한 색
판별력 등도 분장 메이크업 아티스트에게

반드시 필요한 능력이다.

　분장 메이크업 아티스트 중에서도 특수한 목적을 위해 사람의
생김새, 체격 등을 바꾸는 사람인 특수 분장사가 있는데 이들은
영화 속의 귀신, 신체 일부분, 부상자, 외계인, 동물형상 등으로
분장하기 위해 화학물질을 이용하여 배우의 얼굴이나 몸에
입체적인 분장을 전문적으로 한다. 그래서 외모 및 형태를
진짜처럼 변형시켜 극의 사실감을 최대화시키는 데 목적을 두기
때문에 필요할 경우에는 헤어 손질까지 함께 하는 경우가 많다.

　특수 분장사는 각종 메이크업 제품과 분장 재료에 대한 지식을
갖고 이를 인물과 이미지에 맞게 잘 적용할 수 있는 미적 · 기술적
능력이 필요하다.

　또한 극중에서 일어날 수 있는 인물의 사실적인 상황을
재현하기 위하여 상처를 비롯한 인체의 여러 현상들을
영상시각적으로 연구하고 실습하여 현장 중심의 경력을 쌓아야
한다.

메이크업 아티스트가 하는 일

- 홍보활동
- 메이크업실 청소
- 클렌징
- 눈썹정리
- 얼굴 또는 피부 손질
- 컬러링
- 특수 메이크업
- 부분 메이크업
- 헤어 손질
- 메이크업 수정

취업 시 일하는 형태와 근무시간

메이크업 아티스트들이 취업하는 경우에는
메이크업으로 유명한 브랜드샵에 취업하는
경우와 경력을 갖춘 전문 메이크업
아티스트들이 개인적으로 운영하는 개인샵에
취업하는 경우로 나누어 볼 수 있다.

브랜드샵 같은 경우에는 체계적인 교육이
진행되는 대신 경력을 쌓으면서 승진을 하는
데에 시간이 걸리는 반면에 개인샵 같은
경우에는 브랜드샵 보다 체계적인 교육이
진행되지는 않지만 승진이 빨라 보수가
높아지는 경향이 있다.

그런데 일반적으로 메이크업 아티스트가
취업하는 곳은 단일 전문 메이크업샵 보다는
토탈미용샵이 많은데 여기서는 헤어미용,
메이크업, 네일아트까지 토탈로 진행된다.
그래서 메이크업 일을 주로 하면서 경우에
따라서는 헤어미용이나 네일아트까지 조금씩
다루게 된다.

이와 같은 미용 전문샵이 아니라도 메이크업
아티스트들이 취업할 수 있는 곳에는 예식장,
미용실, 화장품회사, 방송국, 영화사 및
공연업체, 이벤트기획사 등이 있다.
이벤트기획사나 연예기획사에서 일하게 되면
소속 연예인의 메이크업을 담당하게 된다.
대체적으로 이력서로 심사를 거쳐 취업을 하는
것이 대부분이지만, 전국적으로 개최되는
메이크업대회에 참가하여 입상할 경우 회사
측의 제의로 취업하기도 한다.

처음으로 메이크업 관련 업체에 들어가게

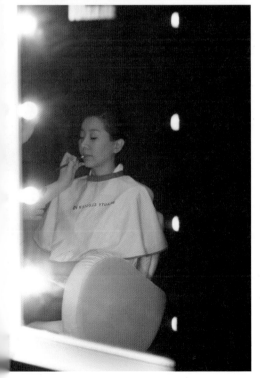

되면 일단은 기존 숙련된 아티스트의 보조업무를 주로 하게 되며 경력을 쌓은 후 아티스트로 일을 하게 된다. 이후 경험과 노하우를 쌓으면 메이크업 강사로 활동하거나 본인이 직접 전문샵을 창업하여 운영하기도 한다.

메이크업 전문샵에서는 어시스트, 아티스트, 실장으로 직급이 나누어지며 화장품 회사에 취업하였을 경우에는 사원, 대리, 과장, 차장, 부장 등으로 나누어진다.

화장품 업체에 취업하여 일할 경우 경력과 능력을 인정받으면 메이크업 시연회, 메이크업 강좌 또는 쇼 등을 담당하는 브랜드 프로모션팀에서 활동할 기회를 얻거나 수석 아티스트로 일하기도 한다.

전문샵에서 일하는 경우에는 시간과 근무 조건 등이 헤어미용의 경우와 거의 같다고 보면 된다.

자영업 시 일하는 형태와 근무시간

　메이크업 아티스트는 전문기술직이기 때문에 회사에 취업하지
않으면 프리랜서로 활동하거나 자신만의 전문샵을 운영할 수도
있다.

　메이크업 아티스트가 프리랜서로 일하려면 적어도 6개월 이상
메이크업 전문샵이나 기획사, 방송국이나 백화점의 화장품 코너
등에서 근무를 하여 경력을 쌓을 필요가 있다. 왜냐하면 메이크업
역시 일반 미용과 마찬가지로 이론적으로 배우거나 학교에서
배우는 것과는 실제 미용업계에서 고객을 대상으로 일하는 것이
많이 다르기 때문에 현장 경험이 중요하다.

　보통 프리랜서로 활동하게 되면 대부분 영화, 포토, 웨딩, 패션
계열이나 공연 같은 분야에서 일을 많이 하기 때문에 각각의
화장법과 테크닉 그리고 의상에 맞는 자유 화장 쪽으로
다재다능하게 일을 맡아야 한다. 그렇기 때문에 메이크업 관련
전문샵에서 메이크업 테크닉을 비롯한 다양한 실무경력을 쌓은
뒤 프리랜서로 활동하는 것이 좋다.

　프리랜서 메이크업 아티스트로서 일을 할 때 신경을 써야 하는
사항들이 몇 가지 있는데 다음과 같다.

　첫 번째는 날짜와 시간이다. 몇 일 몇 시부터 몇 시까지
메이크업을 할 것인지를 고객과 상의해야 한다. 보통 공연 직전에
메이크업이 이루어지기 때문에 이러한 상황을 정해두는 것은
매우 중요하다. 아침 일찍 메이크업을 진행해야 하는 경우가
생각보다 많다는 것도 염두에 두어야 한다.

　두 번째는 장소이다. 스튜디오인지 야외인지, 또 촬영지까지
왕복 시간은 얼마나 걸릴 지도 생각해야 한다.

　또한 야외에서 진행할 경우 메이크업에 필요한 장비들을
설치할 곳을 찾지 못하는 경우도 있기 때문에 사전에 미리
확인하여 준비하는 것이 바람직하다.

세 번째는 메이크업 받을 인원이 몇 명인지, 그리고 메이크업
체인지가 몇 번이나 있는 지를 반드시 알아봐야 한다. 메이크업을
해야 하는 인원과 횟수에 따라 받아야 하는 금액이 정해지기
때문에 미리 협의를 해야 할 필요가 있다.

마지막은 클라이언트가 원하는 콘셉트이다. 미리 이야기가
되지 않으면 현장에서 콘셉트를 잡아야 하고 많은 시간이
소요되기 때문에 모델과 메이크업 아티스트 모두 지치게 된다.
클라이언트가 원하는 이미지만 정확하다면 큰 문제없이 진행될
수 있다.

전문 메이크업 샵의 경우 혼자서 일을 할 수도 있지만 메이크업
아티스트들을 고용하여 팀을 관리하는 팀장을 두고 체계적으로
관리하기도 한다. 그런데 방송이나 연극, 영화 분장사 및 특수
분장사의 경우 촬영계획에 따라 근무시간이 매우 불규칙한
편이다. 난이도가 높은 분장의 경우 며칠씩 밤을 새워 일할 때도
있고, 촬영 당일에는 현장에 나가 일할 때가 많다. 이 때문에
작업상황이나 촬영계획에 따라 일하는 시간이 불규칙하다는
어려움이 있다.

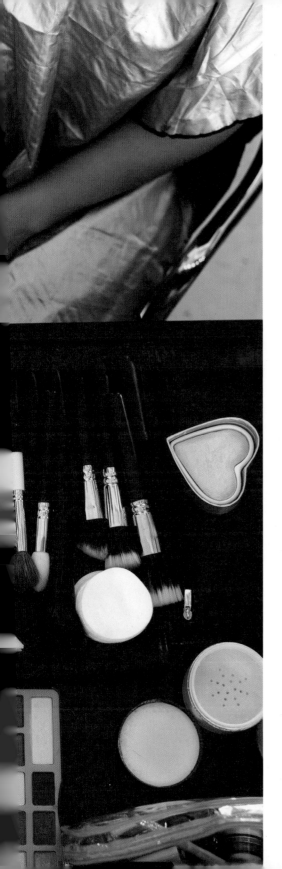

메이크업 아티스트의 일하는 환경

대개 메이크업 아티스트가 일하는 과정은 다음과 같다.

메이크업 아티스트는 먼저 메이크업을 받을 고객과의 상담을 통해 전체적인 계획을 세우며 메이크업을 하는 목적과 고객 취향, 피부타입, 헤어스타일, 의상 등을 고려해 얼굴의 단점을 최소화시키면서도 장점을 부각할 수 있도록 한다.

맡은 일이 광고나 포토메이크업인 경우 광고주, 사진감독, 촬영감독, 디자이너 등과 촬영 콘셉트에 대해 충분한 상의를 한 뒤, 현장에 직접 가서 메이크업을 해주고 촬영이나 패션쇼 중간에도 촬영사진이나 비디오를 확인하며 메이크업을 수정하는 일을 하게 된다.

따라서 메이크업 아티스트는 전문샵에서 고객을 기다리면서 일하는 경우도 있지만 외부 현장이나 고객이 있는 곳에 직접 가서 메이크업을 해주는 경우도 많다. 그런 이유로 메이크업 아티스트들은 메이크업 도구가 들어있는 메이크업 도구박스를 소지하고 다니게 된다.

고객의 스케줄에 따라 이른 아침, 주말에 일을 해야 하는 경우도 많으며, 때로는 작업 상황에 따라 근무시간이 유동적이므로 밤샘작업을 하기도 한다.

샵에서 일할 경우에는 일반 헤어미용사의 작업 환경과 유사하다. 특히 토탈미용샵일 경우에는 더욱 그러하다.

분장 메이크업의 경우에는 분장 메이크업

전문회사에 취업해서 촬영 기간, 혹은 공연
기간 동안 현장에 나가서 일하게 된다.
대공연인 경우 분장해야 할 인물들이
많아지므로 회사에서 메이크업 담당팀을
구성하여 투입되며 헤어스타일을 담당할
사람들과 한 팀이 되어 일하기도 한다. 특별한
출퇴근 없이 공연장으로 가서 공연의 일정이
끝날 때 까지 일하게 되며 퇴근도 그 곳에서
이루어지게 된다. 연극이나 뮤지컬 공연은
저녁에 공연이 이루어지기 때문에 오전에
회사에 들린 뒤, 오후에는 바로 공연장으로
향하게 된다.

프리랜서 보다 돈을 많이 벌지는 못하지만
지속적으로 일을 할 수 있고 경력을 쌓을 수
있다는 것이 장점이다. 다른 미용일과
마찬가지로 처음 입사하면 어시스트의 과정이
있으며 숙련자와 함께 현장에 투입되어 일을

돕고 배우게 된다.

특수 분장사는 따로 회사가 있다기보다는
학원을 다닌 후 특수 분장을 현업으로 하고
있는 개인 작업실에서 배우며 경력을 쌓는 것이
대부분이다. 4~5년 정도 배우고 프리랜서로
전향해서 영화 제작사와 계약하여 일을 하는
경우가 많다.

영화의 경우에는 주로 현장에 따라 다니면서
일을 하지만 방송의 경우에는 방송국
분장실에서 작업을 한다.

메이크업 아티스트의 보수

　메이크업 샵의 어시스트(보조)는 수습 기간 동안 월 100만원
정도의 보수를 받는 경우가 많으며 백화점 등에서 메이크업
서비스를 제공하는 화장품 브랜드나 패션 관련 기업에
입사한다면 초봉이 연 2,500만원 수준이다. 4~5년의 경력을 쌓은
뒤 메이크업 샵의 '실장'이 되면 3,000만원 정도의 연봉을 받는다.
　정식 아티스트로 활동하면 능력과 인지도에 따라 연봉 수준도
높아진다.
　프리랜서로 활동하면서 능력을 인정받게 되면 한다면 상당한
수준의 고소득도 가능한데 1건당 10만~15만원에서 수 십만원에
이르는 보수를 받을 수 있다.
　국내 분장 메이크업 아티스트는 대극장에서 이루어지는
공연의 경우 30명을 기준으로 한 작품당 하루 50만원 정도를
받는다. 보통 연극의 경우에는 하루 5명의 분장을 해주고 6만원
정도의 보수를 받으며 영화 특수 분장의 경우에는 배우 한 명당
50~100만원 까지 받고 있으며 경력이 쌓일수록 기하급수적으로
보수가 늘어난다.
　특수 분장의 보수는 작품의 규모나 특수 분장의 비중 및 난이도
등에 따라 달라진다. 갈수록 수준 높은 기술과 전문성이 요구되고
있기 때문에 많은 보수를 기대할 수 있다.

메이크업 아티스트의 좋은 점

- 정년 없이 나이가 들어도 계속 일을 할 수 있다.
- 자신의 능력에 따라 많은 소득을 얻을 수 있다.
- 자신의 창의적 재능을 최대한 발휘할 수 있다.
- 별다른 부대시설 없이 적은 자본으로 창업할 수 있다.

© Africa Studio

메이크업 아티스트의 힘든 점

- 공연계와 같이 사정이 열악한 곳에서 일할 경우 수입이 많지 않을 수 있다.
- 업무 시간이 불규칙 하고 밤샘이 많아 건강상의 문제가 생길 수 있다.
- 일을 위해 이동하는 일이 잦고 무거운 메이크업 박스를 들도 다니는 점이 불편하다.
- 다양한 사람들을 접하는 일이기 때문에 업무의 스트레스도 높은 편이다.
- 특수 분장사는 화학 약품을 사용하는 일들이 많기 때문에 호흡기를 비롯한 다양한 질환의 위험을 감수해야 한다.

네일 아티스트는 손톱이나 발톱만 관리할 것 같으나 고객의 손 · 손톱 · 발 · 발톱 등의 건강과 미용관리 및 제모와 관련된 일을 하는 미용전문가이다.

네일 아트는 손톱이나 발톱 같은 좁은 공간 위에 여러 가지 방법으로 아름다움을 창조하는 패션예술을 말하는데 네일 아티스트는 고객의 손톱, 발톱을 깨끗이 정리하고 고객이 원하는 모양이나 그림을 그려 넣어 예술적인 감각을 표현한다.

일반적으로 네일 아트에 사용되는 기법에는 에나멜이나 아크릴 물감을 이용하여 본인이 원하는 창조적 디자인으로 붓을 이용하여 직접 손톱에 그려주는 핸드 페인팅, 기계를 이용한 컬러 배합으로 부드러운 느낌을 줄 수 있는 손톱 예술인 에어브러시, 손톱에 구멍을 뚫어 보석 등을 달아주는 네일 주얼리 피어싱과 같은 기법들이 있다.

네일 아티스트는 찾아오는 고객을 상대로 네일 아트의 시술 사례를 보여주며 고객의 의향을 충분히 파악하여 고객의 성향에 맞는 디자인을 권하며 칠할 매니큐어의 색상을

© PR Image Factory

선택한다. 시술을 시작할 때는 먼저 스팀 타월을 고객의 손에
얹고 따뜻하게 한 뒤 마사지 로션을 이용하여 손을 부드럽게
마사지 한다. 그리고 매니큐어를 바르기 전 손톱깎이를 비롯한
도구를 이용하여 손톱의 모양을 잡고 큐티클을 제거한다. 그 이후
고객이 원하는 색상과 모양으로 손톱을 자유롭게 꾸미게 된다.

　네일 아티스트는 고객의 의상과 헤어, 메이크업에 맞추어
손톱을 관리하고 단장하는 일을 하는데 네일 아티스트가 되기
위해서는 손 · 손톱 · 발 · 발톱 건강에 대한 지식과 아름답게
손질하고 꾸밀 수 있는 미적 감각이 필요하다. 또한 유행의
흐름을 파악할 수 있는 패션 감각과 남에 대한 배려, 꼼꼼함,
친밀한 사회성 등의 성격이 요구된다. 고객을 직접 상대하는
직업인만큼 원만한 인간관계 능력과 의사소통 능력도 필수이다.

　생활예술을 좋아하는 사람들에게 적합한 직업이다.

네일 아티스트가 하는 일

- 위생관리 : 샵 위생관리, 기구 소독, 용품 및
  재료 준비

- 손톱 관리 : 소독, 팔리쉬 제거, 모양잡기,
  큐티클 제거, 마사지

- 발톱 관리 : 소독, 팔리쉬 제거, 모양잡기,
  큐티클 제거, 굳은살 제거, 발 마사지

- 네일팔리쉬 적용 : 풀코트, 프렌치 칼러링,
  그라데이션 칼러링

- 손톱 교정 : 인조팁(팁위드랩, 프랜치팁
  위드랩), 아크릴릭 네일(프렌치트위스트,
  디자인스캅춰, 엠보스캅춰,…), 실크
  익스텐션, 유브이젤 네일(팁위드젤,
  원톤젤스캅춰, 그라데이션스캅춰,…)

- 손톱 장식(네일아트 시술) : 호일, 마블,
  워터마블, 핸드페인팅, 3D, 에어브러쉬

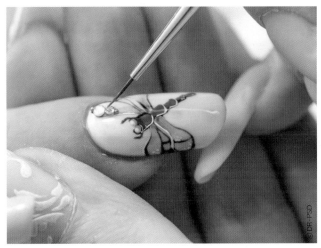

네일 아티스트의 작업하는 과정을 살펴보면 다음과 같다.

〈손 · 발관리〉

소독 및 큐티클 제거 → 오일 도포 및 각질 제거 → 마사지 또는 팩하기 → 마무리 손질 → 칼라 또는 영양제 바르기

〈 발관리〉

소독 → 발 큐티클 제거 → 오일도포 및 각질 제거 → 콘코터 및 패디화일 → 마사지 또는 팩 → 마무리 칼라 또는 영양제 바르기

〈아트〉

헨드페인팅 → 스톤 또는 젤아트 → 디자인 스캅춰 → 에어브러쉬 → 칼라 유브이젤아트

취업 시 일하는 형태와 근무시간

　자격증을 취득한 후 네일 아트샵에 취업하게 되면 고객에게
서비스를 하는 것 외에도 여러 가지 일들을 하게 된다.

　출근 시간과 근무형태는 일반 미용사와 크게 다를 바가 없으며
미용사들이 주로 서서 작업을 한다면 네일 아티스트는 앉아서
작업하는 것이 다를 뿐이다.

　출근을 하면 제일 먼저 그날 사용할 수건들을 세탁하고 젖은
상태로 접어서 온열기에 따뜻하게 데워놓는다. 손님들에게 손
마사지를 할 때 필요하기 때문이다. 또 시술을 위해 필요한 모든
도구들을 정돈하고 소독 상태를 살핀다.

　아세톤을 비롯한 물품들이 자리마다 잘 배치되어 있는지
살피고 채워두며 예약에 관련된 전화가 오면 응대하고 고객이
원하는 네일 아티스트가 있다면 예약차트에서 시간을 확인하여
자리를 비워둔다. 네일 가게는 예약 고객이 많으므로 착오가
생기지 않도록 주의한다.

　예약 없이 오는 고객은 네일 아티스트의 순번에 맞게 골고루
순서대로 일을 맡는다. 하루의 업무가 끝나면 청소를 하고
퇴근한다.

자영업 시 일하는 형태와 근무시간

　네일 아트샵은 가게 크기가 크지 않아도 되고 창업에 필요한
물품이 많지 않아서 쉽게 가게를 많이 여는 편이다. 네일바가
있는 미용실, 백화점 화장품점, 카페, 호텔에 위치한 네일코너나
대형 쇼핑몰 등 다양한 장소에 가게를 열 수 있다.

　가게를 열기 위해서는 자격증이 필수이며 자격증은 미용 관련
학교나 학원을 통해 충분한 지식과 경험을 쌓은 뒤 취득하는 것이
일반적이다. 초기에는 직원 인건비 문제로 인해 혼자서
경영하다가 어느 정도 체계가 잡히면 직원을 채용하게 된다.

　가게는 주로 10시 반부터 손님을 받기 때문에 9시 반에는 손님
맞을 준비를 해야 하고 직장인 여성들 또한 고객이기 때문에
대부분 밤 9시가 넘어서 영업이 끝나게 된다. 네일 아트샵은
색색의 폴리쉬가 마련되어 있어야 하며 그 외 소모품이 많기
때문에 미용 재료를 주문하고 받는 일 또한 중요하다. 고객
카드를 점검하고 손님을 관리하는 일 또한 가게의 주인이 해야 할
일이다. 손님이 오는 순서에 맞게 직원들이 공평하게 일할 수
있게 하며 편안한 분위기를 만드는 것 또한 중요하다.

네일 아티스트의 일하는 환경

크지 않은 가게라면 몇 명의 네일 아티스트들과 같은 공간에서 일하게 된다. 고객과 마주 보며 테이블에 앉아서 고객을 응대하게 되며 서비스업인 만큼 고객과 접촉하는 일이 많다.

네일 아티스트들의 작업 자세는 장시간 앉아서 어깨를 움츠리고 목을 구부리며 허리를 펴지 않는 채 엉덩이를 의자 끝부분에 얹고 허리를 약간 비트는 부적절한 자세를 취하고 있어야 한다. 어깨와 팔을 들어 올린 상태에서 손과 손목을 많이 꺾어 움직이는 단순 반복적인 업무를 반복하기 때문에 근골격계 질환이 유발된다. 또 손톱가루와 화학약품 냄새 등의 위험 요소 역시 호흡계 질환의 위험에 노출되어 있다.

네일 아티스트의 보수

　네일 아트 자격증을 취득하고 샵에 들어가서 받는 초봉은
60~100만원 정도이며 경력이 쌓일수록 기본급 급여를
올려주거나, 인센티브 페이를 올려준다. 3개월 혹은 6개월 이상
일할 경우 월급이 조금씩 인상되거나 자신 기본급의 3배 이상
매출을 올리면 인센티브 %가 올라가는 경우로 다양하다.

　네일 아티스트들은 자신이 한 매출에 따라 돈을 받는
'인센티브제'로 일하는 경우가 많다. 기본적으로 네일 시술을
받고, 미용관련 제품을 구매하거나, 손님이 회원권을 끊는다거나
하면 그 매출의 몇 %를 자신의 수익으로 가져가는 식이다.
기본적으로 인센티브는 5~10%가 제일 많다.

　네일 아티스트의 평균 월급은 자신의 경력과 실력, 그리고 손님
응대 능력, 제품 판매 능력 등에 결정되기 때문에 경력자라
하더라도 적은 월급을 받을 수 있고, 초보자라도 경력자 못지않은
월급을 받을 수 있다.

　자신이 가게를 운영할 경우에는 규모에 따라 다르지만 최소
200만원에서부터 1,000만원 넘게까지 수익을 기대할 수 있다.

네일 아티스트의 좋은 점

- 자신의 미적 감각을 살려서 창의적인 일을 계속적으로 할 수 있다.
- 업무가 단순하지만 재미있다.
- 기술직이기 때문에 나이에 관계없이 지속적으로 할 수 있다.
- 창업에 큰 비용이 들지 않기 때문에 경력과 실력만 쌓으면 자신만의 가게를 쉽게 오픈할 수 있다.

네일 아티스트의 힘든 점

- 아세톤을 비롯한 화학 약품을 지속적으로 가까이 하기 때문에 호흡기 계통의 질병에 노출될 수 있다.
- 장시간 웅크린 상태로 일하기 때문에 근골격계의 통증을 호소하는 경우가 많다.
- 서비스업이기 때문에 고객을 상대할 때 받는 스트레스가 높은 편이다.

Part Three

Get a Job

01 우리나라 미용사 교육

우리나라의 미용 교육은 주로 미용학원을 중심으로
활성화되었으며, 미용고등기술학교도 오랜 역사를 가지고 있다.

그러나 화장품이나 미용에 대한 대중적인 관심이 증가하면서
1980년대 이후에는 향장사의 뷰티아카데미, 1990년대 들어서는
대학 또는 전문대학의 미용 관련 학과를 통해 중견 미용인을
양성하고 있다.

현재 미용교육은 대학, 전문대학, 특성화고등학교, 미용학원,
고등기술학교 등에서 활발하게 전개되고 있으며 이외에도
복지관, 직업훈련원, 고등학교의 특별과정 등에서 실시되고 있는
실정이다.

이러한 교육기관에서 피부 관리, 메이크업, 헤어디자인, 네일

아트 등 미용과 관련한 이론과 실기를 배울 수 있는데 각
기관마다 약간의 차이가 있지만 대체로 두발과 피부 생리 및
구조 · 성장에 따른 지식과 합리적인 미용관리 기술을 습득할 수
있다.

교과목으로는 미용학, 코스메틱 이론과 실기, 피부과학,
해부생리, 영양과 건강, 향장학, 위생관계법규, 해부생리,
공중보건학 및 색채학, 메이크업 이론과 실기, 커트 이론 실기,
퍼머넌트 실습, 드라이 실습, 염색과 탈색 이론 등에 대한
전반적인 전문 지식과 실습을 통한 실기를 익히도록 하고 있다.

또한 미용업에 종사하다보면 의상코디네이터 등과 함께 일할
때가 많으므로 일반적인 예술 분야의 지식과 더불어 패션이나
의상 쪽을 공부해 놓으면 실무에서 많은 도움이 될 수 있다.

그리고 네일 아티스트가 되기 위해서는 미용고등학교, 혹은
미용 관련 대학에 진학하거나 전문 학원에서 공부를 할 수
있는데, 2013년 이전에는 네일 아티스트에 관련한 민간기술
자격증만 있었으나 2014년부터 국가자격증이 신설되었다.

특수 분장은 대학의 코디네이션, 메이크업, 패션예술 등의 관련

학과에서 배울 수 있다. 이와 관련된 교육과정은 전문
사설학원에도 많이 개설되어 있다.

분장에 필요한 각종 메이크업 제품, 특수 분장에 필요한 분장
재료에 대한 지식이 중요하고 이를 잘 적용할 수 있는 응용력도
필요하다. 또한 색과 조명, 화면 구성에 대한 이해와 미적 감각도
요구되며 미술이나 연극영화, 화학 등을 전공하면 응용 측면에서
많은 도움이 된다. 조소를 배우면서 인체해부나 뼈, 근육에 대한
공부를 하는 것도 빠질 수 없는 과목이다.

특수 분장사는 촬영장 같은 현장에서 일하는 경우가 많으므로
현장에서의 실무 경험이 매우 중요하다. 처음에는 선배
특수분장사의 업무를 보조하게 되며 경력을 쌓아 프리랜서로
활동하는 경우가 많다.

미용사 · 이용사가 되고자 하는 자는

다음 중 하나에 해당하는 자로서 보건복지부령이 정하는 바에 의하여
시장 · 군수 · 구청장의 면허를 받아야 한다.

1. 전문대학 또는 이와 동등 이상의 학력이 있다고 교육부장관이 인정하는
   학교에서 이용 또는 미용에 관한 학과를 졸업한 자

2. 「학점인정 등에 관한 법률」 제8조에 따라 대학 또는 전문대학을 졸업한
   자와 동등 이상의 학력이 있는 것으로 인정되어 같은 법 제9조에 따라 이
   용 또는 미용에 관한 학위를 취득한 자

3. 고등학교 또는 이와 동등의 학력이 있다고 교육부장관이 인정하는 학교
   에서 이용 또는 미용에 관한 학과를 졸업한 자

4. 교육부장관이 인정하는 고등기술학교에서 1년 이상 이용 또는 미용에 관
   한 소정의 과정을 이수한 자

5. 국가기술자격법에 의한 이용사 또는 미용사의 자격을 취득한 자
   (공중위생관리법 제6조 제1항 참조)

미용 관련 고등학교

〈입학 자격〉

  중학교 졸업자 혹은 검정고시 합격자라면 지원할 수 있다.
미용은 신체를 이용하는 일이기 때문에 신체에 결함이 있는
경우에는 지원이 불가능하다. 남녀를 불문하고 입학을 허가하는
학교가 있는가 하면 여자만 입학이 가능한 학교도 있다. 오전반과
오후반으로 나누어 입학 신청을 받는 경우도 있다.

〈교육 내용〉

  일반 교과목을 공부함과 동시에 미용고등학교의 특성을 살려
전문분야를 공부하게 된다.
  미용고등학교에서 배우는 과목은 일반 전문계 고등학교와
같은데 대체로 다음과 같다. 국어, 도덕, 사회, 수학. 과학, 기술과
가정, 체육, 음악, 미술, 외국어, 미술, 한문, 전산, 미용
전문교과이다.
  고등학교 일반 교과목은 공통이지만 미용 전문교과는 학교의
특성화 방향에 따라 약간씩 다를 수가 있으며 선택한 전공에 따라
헤어디자인, 피부미용, 메이크업, 네일아트 등으로 나누어져
배우게 된다.

■ 헤어디자인 전공

미용에 필요한 기초이론과 실기를 배운다.
주요 과목으로는 컷트, 퍼머넌트, 셋트롤,
핑거웨이브, 컬러링, 드라이 · 업스타일 등이
있다.

수업 내용
• 컷트 : 디자인, 원랭스, 그라데이션,
레이어, 유니폼레이어, 여성컷, 남성컷,
스타일 창조
• 퍼머 : 기초 와인딩(블러킹, 5등분, 9등분,
10등분), 퍼머디자인, 와인딩 패턴, 형태별
디자인 펌 웨이브, 얼굴형에 따른 펌
웨이브
• 셋트롤 : 원랭스롤, 스파니엘롤, 사도라롤,
그라데이션롤
• 핑거웨이브 : 부분 웨이브, 전체 웨이브
• 컬러링(염 · 탈색) : 디자인, 테크닉, 실습
• 드라이 · 업스타일 : 기본기법, 응용기법,
기본 디자인, 창작업스타일

■ 피부관리 전공

피부 미용 및 피부 건강을 위해 필요한
피부와 인체에 대한 기본적인 지식을 바탕으로
피부에 물리적 방법 또는 미용품을 사용하여
자연스럽고 건강한 아름다운 피부를
유지 · 관리할 수 있도록 이론과 실기를 배운다.
주요 과목으로는 피부과학, 피부관리, 전신관리,
발관리, 경락미용 등이 있다.

수업 내용
• 피부과학 : 피부 구조와 기능, 얼굴 골격
및 근육, 여드름, 색소침착
• 피부 관리 : 피부 관찰, 피부 유형별 관리
방법, 피부 관리 기구 사용, 클렌징과
마사지 기법, 팩 기법
• 전신 관리 : 피부 관리기기, 아로마 요법,
손 · 팔 · 다리 · 발 마사지
• 발 관리 수업 : 발 구조, 발 관리요법,
족탕기 용법, 정맥마사지, 발 반사요법
• 경락 미용 : 음양오행론, 경락과 열혈,
얼굴 · 등 · 복부 경락 마사지

■ 메이크업 전공

화장품을 이용하여 얼굴을 아름답고
건강하게 가꾸고 개성을 돋보이게 하는 어떤
특정한 목적을 가진 이미지를 만들어내는
색조화장법을 배우는데 뷰티메이크업,
아트메이크업, 특수분장 등의 영역으로
나누어진다. 전문 분야로 들어가면 서로 특색
다른 업무이기는 하지만 고등학교에서는
일괄적으로 교육한다. 주요 교과목으로는
일러스트, 색채학, 뷰티메이크업, 아트메이크업,
분장메이크업 등이 있다.

수업내용
• 일러스트
• 색채학
• 분장메이크업
• 아트메이크업
• 뷰티메이크업 : 피부화장, 눈화장,
입술화장, 볼화장, 신부화장

■ 네일아트 전공

네일아트는 손과 손톱, 발과 발톱 등을
아름답고 건강하게 관리하는 미용기술인데
오늘날 개성을 살리는 주요한 패션의 한 분야로
자리 잡았다. 즉 세련된 색상과 다양한 모양을
선택하여 그 사람의 개성과 취향을 살려주는
패션으로서 네일 아트는 최상의 코디네이션을
만들어준다.

수업내용
• 습식 매니큐어 : 피부타입과 계절, 연령
등을 고려한 매니큐어
• 실크팁 : 인조 손톱, 실크, 젤을 사용한
시술법
• 실크 익스텐션 : 천과 글루, 젤을 사용하여
손톱 길이를 늘여주는 방법
• 페디큐어 : 발톱 길이 정리, 연마기법,
색상 에나멜 작업
• 스캅춰 네일 : 아크릴파우더를 이용한
손톱 성형기법
• 왁슨 : 털의 모근까지 제거하는 제모방법
• 네일 디자인

미용고등학교에서 취득할 수 있는 자격증

미용사 면허증, 미용사 자격증(일반), 미용사 자격증(피부), 미용사 자격증(네일), 미용사 자격증(메이크업), 헤어컬러리스트 인증서, 발관리 인증서, 메이크업 아티스트 2 · 3급 인증서, 네일 테크니션 1 · 2급 인증서, 모발두피관리사 인증서

미용고등학교 졸업 후 직업

헤어디자이너, 피부관리사, 메이크업아티스트, 스타일리스트, 미용교사, 네일 아티스트, 두발두피관리사 등 다양한 분야로 진출

미용 관련 전문대학

〈입학 자격〉

- 일반전형

  고등학교 졸업(예정)자 및 이와 동등 이상의 학력이 있다고
  인정된 자
- 특별전형

  1. 특성화고, 예술계고, 체육계고, 특수목적고 졸업(예정)자

  2. 자격증 소지자 : 기능사 이상 국가기술자격증, 국가 공인

  민간자격증, 국제공인자격증 소지자

  3. 취업자 : 고교 졸업 후 통산 2개월 이상 근무 경력이 있는 자

  4. 검정고시 출신자
- 입학사정관전형

  특성화고 졸업(예정)자, 일반계고 졸업(예정)자
- 외국어 우수자 전형
- 농어촌전형

  농어촌지역, 도서 · 벽지지역에 소재하는 고등학교
  졸업(예정)자
- 저소득층전형

  국민기초생활보장법에 의한 기초생활수급자 또는 차상위
  계층에 해당하는 자
- 만학도/재직자전형

  연령이 만 25세 이상인 자 또는 산업체 재직(근무)경력이 2년
  이상인 자
- 대학졸업자전형

  전문대학 · 4년제 대학 졸업(예정)자, 4년제 대학 2년 이상
  수료자 또는 동등 이상의 학력이 있다고 인정된 자

<교육 내용>

　학교마다 과의 특성이 약간 씩 다르지만 커리큘럼은 대학마다
큰 차이가 없이 비슷하다.
　일반적으로 피부미용과 뷰티미용과 등등의 다양한 학과명으로
불리지만 교양과목, 기본적인 미용기법과 실습을 공통으로
배우고 여기서 더 나아가 헤어미용, 피부미용, 메이크업,
네일아트 등의 전공으로 나뉘어져 공부를 한다.

<취득 자격증>

　국가피부미용관리사, 미용사 면허증, 메디컬스킨케어
테라피스트, 아로마 테라피스트, 경락미용사, 스파매니저,
발미용관리사, 트리콜로지스트(두피케어) 등

<졸업 후 진로>

　고등학교 미용과 교사, Hotel Spa 피부관리실, 화장품회사,
에스테틱 샵, 트로콜로지스트

전문대학 뷰티아트과(메이크업/헤어미용/네일아트/스타일리스트 전공)의 교과목

다음의 교과목들 중에서 일부는 공통으로, 일부는 전공에 따라 선택하여 배우게 된다.

〈1학년 과정〉
기초 피부관리 실습, 피부학, 네일케어 실습, 컴퓨터 미용업무관리, 무대 분장, 화장품학, 특수피부관리 실습, 이미지 메이킹, 일러스트레이션 실습, 인성지도 세미나, 실무사례, 피부미용학, 응용커트 실습, 응용피부관리 실습, TV와 영화분장, 네일아트, 미용 림프마사지, 미용색채학, 응용메이크업 실습, 기초메이크업, 발 반사학, 모발두피관리, 응용파마 실습, 스타일 리스트, 응용바디관리 실습, 전신기초관리, 헤어스타일링, 미용과 건강, 인성지도 세미나

〈2학년 과정〉
환타지 메이크업, 인체생리학, 아로마테라피, 공중보건학, 미용서비스관리, 뷰티살롱매니지먼트, 메디칼 스킨케어, 미용 식이요법, 에스테틱 살롱 트리트먼트, 특수분장 실습, 토탈코디네이션, 실기교육방법론, 피부미용기기관리 실습, 보디페인팅, 미용작품 발표, 응용업스타일, 포트폴리오, 경락미용 실습, 살롱영어, 피부미용 실무연수, 피부미용포트폴리오, 응용드라이 실습, 근육학, 마사지 사례연구, 헤나아트, 특수분장실습, 헤어스타일링, 안면분석학, 전공세미나

미용 관련 4년제 대학교

전 세계적으로 각광받고 있는 뷰티산업은 세분화 되는 만큼
서로간의 융합을 위한 체계적인 이론교육과 실기교육이
필요하다. 그런 면에서 4년제 대학에서는 시대가 요구하는
보건전문 연구 인력을 양성하는데 목적을 두고 교육하고 있다.

글로벌 시대와 세계화 흐름에 동참할 수 있도록 기초연구
역량을 갖춘 전문 연구 인력을 양성하여 뷰티 분야의 발전에
기여할 수 있도록 교육한다.

화학, 생물학 등의 기초과학과 응용과학을 중심으로 화장품
분야와 피부, 헤어, 메이크업 등 뷰티분야가 융합하여
시너지효과를 창출할 수 있는 전문인 육성과 피부생명과학의
기초연구의 발전에 기여할 수 있는 글로벌한 전문 연구 인력을
배출하는 것이 목표이다.

특히 경제의 발달과 더불어 웰빙이 각광을 받음에 따라 건강,
미용 및 의료가 결합한 종합 서비스산업이 새로이 떠오르고 있다.
특히 의료기술과 결합한 미용분야는 아름다움의 창조 단계를
넘어 새로운 산업으로 까지 비약적 발전을 이룩하고 있다. 따라서
미용 관련 학과의 미래는 밝다고 하겠다.

〈입학 자격〉

각 학교마다 다를 수 있으나 고등학교 졸업자 이상의 학력을
가져야 한다.

대학교마다 입학 전형방법이 다르기 때문에 원하는 대학의
입학 전형에 대하여 미리 알아보고 준비해야 한다.

〈교육 내용〉

■ 교양 과목
영어회화, 전산학개론, 컴퓨터 활용, 사회봉사, 교육학개론, 세계
식생활문화, 심폐소생술

■ 공통 과목
전공 영어, 대체요법, 영양과 건강, 공중보건학, 기기관리학,
피부학, 모발과학, 발 반사요법, 전통 헤어미용, 문제성 피부관리,
전공 실무인턴, 졸업논문

■ 전문 과목
피부과학, 미용학개론, 기초 메이크업, 일러스트레이션, 기초
에스테틱, 응용 에스테틱, 기초 헤어스타일링, 응용-메이크업,
공중보건색체학, 미용영양학, 이미지 메이킹, 미용색채학,
3D일러스트레이션, 화장품학, 헤어디자인, 무대분장, 업스타일,
아트메이크업, 성격분장디자인, 특수분장, 메이크업 트랜드, 실무
인턴, 기초생물학, 기초생화학, 해부생리학, 화장품화학,
생체유기화학, 기능성향장학, 화장품미생물학, Medical Esthetic,
Cosmetology, Clinical Nail Care, 두피모발 관리실습학,
병원화장품론, 화장품산업론, 화장품 제조학, 화장품 품질관리,
생체유기화학, Cosmetic Therapy, Total Trichology

미용 관련 대학원

  과학적 방법의 미용 관리에 대한 관심이 고조되고 있는 최근에
미용은 주요한 하나의 학문으로 다루어지고 있다. 즉, 과학, 의학,
예술이 결합된 미용학은 웰빙생활에 있어서 하나의
실용학문으로 자리를 잡아가고 있으며, 대체의학과의 기술적
융합은 미용을 한 걸음 발전시킨 현대 건강의료 분야의 새로운
분야이다. 그래서 현대사회에서 미용이라는 것은 단지 머리를
퍼머하고 얼굴을 마사지하는 차원에서 벗어나 건강한 개성적인
삶의 학문으로 발전하고 있다.

  이러한 뷰티산업의 변화와 발전에 맞추어 미용 분야의
전문인력 양성과 학문적 연구를 위해 대학원이 늘어나고 있으며
보건학의 기본 이론을 토대로 분야별(헤어디자인, 메이크업,
네일아트, 피부미용) 이론과 실기를 과학적이고 체계적으로
연구하고 있다.

  미용관련 대학원은 전문적 지식을 겸비한 미용지도자와 전문
연구 인력을 양성하고 미용학의 학문적 자리매김에 기여하는데
목표를 두고 있다.

해외 유명 대학

　미용과 관련된 유학에 대한 관심이 높아짐에 따라 국내에서
고등학교 졸업 후 해외 미용대학에 진학하여 그 나라에 취업한 뒤
실력을 쌓아 한국에 돌아오는 헤어디자이너, 혹은 미용업계의
전문인들이 늘어나고 있다.

〈미국〉
- T.H.Harris TechnicalInstitute
- Bates Vocational Technical Institute
- Dekalb Technical Institute
- Atlanta Area Technical Institute
- Gwinnett Technical Institute

〈일본〉
- 동경 MAX 미용전문학교
- 일본미용전문학교
- 국제이용 · 미용전문학교
- 山野미용전문학교
- 고산미용전문학교

〈호주〉
- 웨스턴 메트로폴리탄대학
- 퀸즈랜드 기술전문대학
- Casev Collare of TAEF
- The Australasian Beauty College

〈중국〉
- 동화대학
- 중의약대학

〈영국〉
- 타넷직업대학
- 비달사순학교
- 토니엔가이학교
- 스플터스학교
- 국립기술전문대학-TAEF

〈독일〉
- 베를린Friseru-Innung Berlin
  Landesinnungsfachschule
- School of creative hairdressing
- 함부르크-Friseru-Institut Hamburg
- 뮌헨-Berufsschule fur friseure
- Landesfwchschuledes friseurhanswerks

〈프랑스〉
- 메이크업 포에버
- 르네 가로 미용학교
- 프랑소와 모리스 미용학교

학원 및 기타 기관

〈미용 학원〉

미용학원에서는 학력이나 나이에 상관없이 미용기술을 배울 수 있다. 따라서 다양한 연령을 가진 사람들이 미용사 자격증 취득을 위해 다니지만 취미로 미용을 배우려는 사람들도 많이 다닌다.

미용학원에서도 헤어미용, 피부미용, 메이크업, 네일미용 등을 가르치는데 각 분야마다 여러 개의 반이 구성되어 있다. 그러나 일반교양 과목을 함께 배우는 학교와는 달리 미용학원은 미용과 관련된 과목만을 전문적으로 교육하는 것이 특징이다. 예를 들면 헤어 정규과정에서는 한국 산업인력관리공단에서 시행하는 미용사(일반) 국가기술자격증 취득을 준비하기 위한 수업을 하는데 자격 검정 기준에 따라 필기와 실기 과제에 대한 교육을 한다. 그 내용을 보면 필기 검정이론, 커트, 퍼머넌트, 세팅롤, 핑거웨이브, 신부화장 등이 있는데 교육기간은 약 6개월 정도 소요된다. 그 외에도 헤어 업스타일 과정, 헤어 컬러과정, 헤어 디자이너 과정, 헤어 전문 커트과정 등과 같이 헤어 디자인에 있어서 전문적인 기술을 배울 수 있도록 여러 가지 교육 과정이 마련되어 있다.

에스테틱 정규과정 역시 국가기술자격증 취득을 준비하는 과정으로 자격 검정시험에 필요한 필기와 실기 과제에 대한 교육을 집중적으로 한다. 주요 교육 내용은 클렌징, 매뉴얼 테크닉, 팩, 마스크, 팔, 다리관리, 림프드레나지, 제모 등이 있는데 이와 관련된 또 다른 과정으로는 에스테틱 발 관리, 에스테틱 경락 마사지, 에스테틱 아로마 테라피, 에스테틱 메디컬스킨케어 등이 있다.

네일 관리 아트 과정에서는 손, 발톱, 기초케어, 소독, 굳은살 정리, 마사지, 컬러링에서부터 세밀한 기술 작업, 인조손톱 시술 등 여러 가지 아트기법까지 다양한 표현이 가능한 기술을 가르친다.

127

〈미용과 학점은행제〉

  학점은행제는 대학 또는 기타 교육기관에서 학습한 경험이나
자격증 취득 등 대학 밖에서 이루어지는 다양한 학습활동을
학점으로 인정하여 일정한 기준을 충족하면 국가에서 대학 졸업
학력을 인정하고 학사 또는 전문학사의 학위를 취득할 수 있게끔
만들어 놓은 제도로 고등학교 졸업 이상의 학력자를 대상으로
한다.

  그러나 아무 기관에서나 공부를 해서는 안되고 학점은행제
교육훈련기관으로 등록되어 있는 곳에서 공부를 해야 학점이
인정된다. 그래서 학위 취득에 필요한 만큼 학점을 받게 되면
신청에 의하여 학위가 수여되는데 미용에 관련된 학점은행제
관련 학교로는 서경대학교, 용인대학교가 있다.

〈사이버대학〉

　사이버대학이란 가상대학, 디지털대학이라고도 한다.
가상공간을 통하여 시간과 공간의 제약을 받지 않고 학점을
이수하여 전문대학 또는 대학 졸업자와 동등한 학력이나 학위를
받을 수 있는 고등교육 체제이다. 미용에 관련해서도 사이버
대학이 늘어나는 추세이며 미용 관련학과가 설치되어 있는
학교로는 현재 국제 사이버대학교, 서울문화예술대학교,
한국열린사이버대학교 등이 있다.

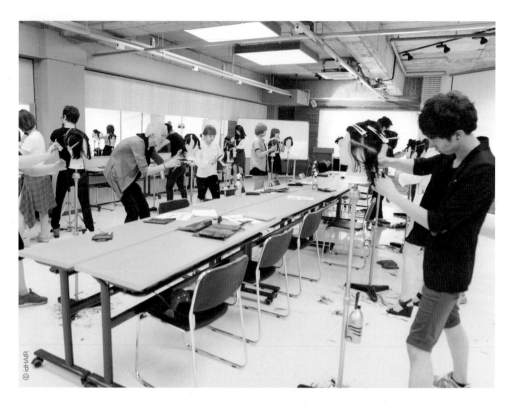

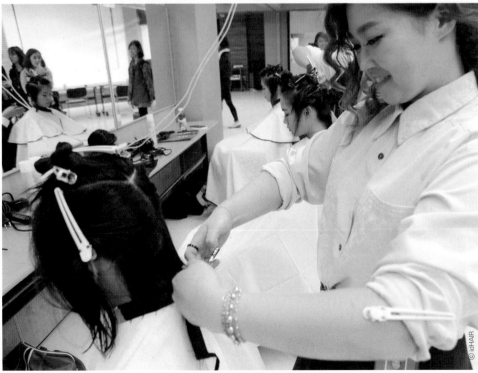

미용사(일반)

  얼굴, 머리를 아름답게 하기 위하여 헤어 및 두피에 적절한
관리법과 기기 및 제품을 사용하여 일반적인 미용을 행할 수 있는
전문기술 자격증이다.

〈실시 기관〉
  한국산업인력공단

〈업무 범위〉
  퍼머, 머리카락 자르기, 머리카락 모양내기, 머리피부손질,
머리카락염색, 머리감기, 의료기기와 의약품을 사용하지 않는
눈썹손질 등

〈미용사 자격 검정 시험〉

- 시험 과목
  - 필기 : 미용이론, 공중보건학, 소독학, 화장품학
    공중위생법규
  - 실기 : 미용작업
- 검정 방법
  - 필기 : 객관식 4지 택일형, 60문항(60분)
  - 실기 : 작업형(2시간 45분)
- 합격 기준
  - 필기 · 실기 : 100점 만점에 60점 이상
- 응시 자격 : 제한 없음
- 평가 기준
  - 커트, 퍼머, 세팅, 샴푸, 컬러링 등 미용작업의 숙련도와
    정확성 평가
- 평가 내용
  - 이론 : 미용이론, 공중위생관리학, 화장품학
  - 실기 : 헤어커트, 헤어퍼머넌트 웨이브, 헤어스타일연출,
    헤어컬러링, 샴푸, 두피 · 모발관리

〈미용사(일반) 합격 현황〉

연도	필기			실기		
	응시자	합격자	합격률	응시자	합격자	합격률
2014년	78,819명	22,874명	29.0%	38,046명	14,221명	37.4%
2016년	62,884명	18,576명	29.5%	33,619명	12,678명	37.7%
2018년	64,803명	20,455명	31.6%	34,116명	13,759명	40.3%
2020년	49,441명	17,885명	36.2%	28,474명	11,268명	39.6%

미용사(피부)

　피부미용업무는 공중위생분야로서 국민의 건강과 직결되어
있는 중요한 분야로 향후 국가의 산업구조가 제조업에서
서비스업 중심으로 전환되는 차원에서 수요가 증대되고 있다.
　머리, 피부미용, 화장 등 분야별로 세분화 및 전문화 되고 있는
미용의 세계적인 추세에 맞추어 피부미용을 자격제도화
함으로써 피부미용분야 전문인력을 양성하여 국민의 보건과
건강을 보호하기 위하여 자격제도를 제정하였다.
　피부미용사 자격증은 얼굴 및 신체의 피부를 아름답게
유지 · 보호 · 개선 관리하기 위하여 각 부위와 유형에 적절한
관리법과 기기 및 제품을 사용하여 피부미용을 수행할 수 있는
능력을 인정해주는 자격증이다.

〈업무 범위〉

　색조화장 지우기, 클렌징, 딥클렌징, 눈썹정리, 얼굴 관리,
팩하기, 마스크하기, 피부미용기기 사용, 손과 팔 매뉴얼
테크닉하기, 다리 매뉴얼 테크닉하기, 제모 관리하기, 림프
드레니쥐하기

〈피부미용사 자격 검정 시험〉
- ■ 시험 과목
  - 필기 : 피부미용학, 피부학 · 해부생리학, 피부미용기기
    학, 화장품학, 공중위생관리학
  - 실기 : 피부미용실무
- ■ 검정 방법
  - 필기 : 객관식 4지 택일형, 60문항(60분)
  - 실기 : 작업형(2~3시간)
- ■ 합격 기준
  - 필기 · 실기 : 100점 만점에 60점 이상
  - 응시 자격 : 제한 없음

■ 평가 기준

 - 얼굴 및 신체의 피부를 아름답게 유지 · 보호 · 개선 ·
 관리하기 위한 관리테크닉과 피부미용기기와 제품을
 사용하여 피부미용을 수행하는데 필요한 지식과 숙련도
 평가

■ 평가 내용

 - 이론 : 피부미용학, 피부학, 해부생리학, 피부미용기기학,
        화장품학, 공중위생관리학

 - 실기 : 위생 점검, 클렌징, 딥클렌징, 피부 유형별
        분석표작성, 눈썹정리, 왁싱작업, 손을 이용한
        얼굴과 신체부위 관리

〈미용사(피부) 합격 현황〉

연도	필기			실기		
	응시자	합격자	합격률	응시자	합격자	합격률
2014년	68,971명	23,308명	33.8%	42,392명	14,147명	33.4%
2016년	53,511명	22,156명	41.4%	40,497명	15,021명	37.1%
2018년	39,858명	17,217명	43.2%	28,306명	11,164명	39.4%
2020년	33,133명	16,242명	49%	17,547명	7,484명	42.7%

미용사(메이크업)

메이크업 아티스트 자격증은 특정한 상황과 목적에 맞는
이미지, 캐릭터 창출을 목적으로 이미지분석, 디자인, 메이크업,
뷰티코디네이션, 후속관리 등을 실행함으로서 얼굴·신체를
표현하는 업무 수행에 필요한 자격증이다.

〈업무 범위〉

메이크업샵 위생관리하기, 얼굴특성분석 및 상담하기, 일반 및
웨딩 메이크업하기, 미디어 메이크업 하기

〈메이크업 아티스트 자격 검정 시험〉

- 시험 과목
  - 필기 : 메이크업개론, 공중위생관리학, 화장품학
  - 실기 : 메이크업 미용실무
- 검정 방법
  - 필기 : 객관식 4지 택일형, 60문항(60분)
  - 실기 : 작업형(2시간 30분정도)
- 합격 기준
  - 필기·실기 : 100점 만점에 60점 이상
  - 응시 자격 : 제한 없음
- 평가 기준
  - 고객의 나이, 얼굴형, 피부색, 체형, 피부건강상태 및
    미용관리 부위의 정보를 파악·분석하여 고객상황에 맞는
    이미지를 제안하고, 시술절차에 따른 각종 화장품 및
    도구선택, 장비사용의 업무숙련도 평가
  - 얼굴·신체를 아름답게 하거나 특정한 상황과 목적에
    맞는 이미지분석, 디자인, 메이크업, 뷰티코디네이션,
    후속관리 등을 실행하기 위한 적절한 관리법과 메이크업
    도구, 기기 및 제품 사용법 등 메이크업 관련 업무의 숙련도
    평가

■ 평가 내용
 - 이론 : 메이크업 개론, 공중위생관리학, 화장품학
 - 실기 : 메이크업샵 안전 위생관리, 메이크업 상담, 기본
        메이크업, 웨딩 메이크업, 미디어 메이크업

〈미용사(메이크업) 합격 현황〉

연도	필기			실기		
	응시자	합격자	합격률	응시자	합격자	합격률
2016년	20,344명	13,876명	68.2%	10,472명	4,943명	47.2%
2017년	24,711명	14,608명	59.1%	21,869명	9,107명	41.6%
2018년	25,507명	15,495명	60.7%	23,819명	9,770명	41.0%
2019년	28,747명	15,348명	53.4%	21,903명	8,083명	36.9%
2020년	20,438명	11,894명	58.2%	14,095명	5,427명	38.5%

미용사(네일)

2014년부터 실시된 네일 아티스트 자격증은 손톱 · 발톱을 건강하고 아름답게 하기 위하여 적절한 관리법과 기기 및 제품을 사용하여 네일 미용 업무에 필요한 자격증이다.

〈업무 범위〉

손 · 발 정리하기, 네일 화장물 제거하기, 네일 미용 위생 서비스하기, 네일 기본관리 및 컬러링, 네일 폴리시 아트, 자연 네일 보강, 핸드페인팅 아트, 인조네일 보수하기

〈네일 아티스트 자격 검정 시험〉

- ■ 시험 과목
  - 필기 : 네일개론, 네일미용 기술, 공중위생관리학, 화장품학, 피부학
  - 실기 : 네일샵 위생, 네일화장물 제거, 네일 기본 관리, 네일 팁, 네일 랩, 젤 네일, 아크릴릭 네일, 평면 네일아트

- 검정 방법
  - 필기 : 객관식 4지 택일형, 60문항(60분)
  - 실기 : 작업형(2시간 30분정도)
- 합격 기준
  - 필기 · 실기 : 100점 만점에 60점 이상
  - 응시 자격 : 제한 없음
- 평가 기준
  - 손톱 · 발톱관리, 네일시술 · 교정, 일반네일장식 등 네일
    미용작업의 숙련도 평가
- 평가 내용
  - 이론 : 네일미용의 역사, 손 · 발의 구조와 기능, 피부학,
    공중위생관리학, 화장품학, 손톱 · 발톱 관리, 인조
    네일관리, 네일제품의 이해
  - 실기 : 미용기구 소독하기, 손 · 발 소독하기, 네일화장물
    제거, 네일화장물 적용 전 처리, 네일 폴리시 아트,
    팁네일의 기본, 컬러링, 스컬프처의 기본 알기

〈미용사(네일) 합격 현황〉

연도	필기			실기		
	응시자	합격자	합격률	응시자	합격자	합격률
2017년	31,452명	18,751명	59.6%	26,253명	12,322명	46.9%
2018년	30,085명	18,261명	60.7%	25,095명	11,522명	45.9%
2019년	37,548명	19,541명	52%	25,509명	10,165명	39.8%
2020년	30,719명	16,112명	52.4%	22,933명	9,113명	39.7%

이용사

　최근 개성을 강조하는 흐름에 따라 남성들의 머리스타일도
다양해지면서 미용실을 찾는 남성고객들이 증가하고 있다. 특히
주 고객층인 젊은 남성들과 어린이들이 미용실로 몰리게 되면서
영세한 개인 이용업소는 많은 어려움을 겪고 있는 상황이다.
　이용실에서도 남성고객을 되찾기 위해 모발손질, 면도,
머리피부손질, 염색 등 서비스를 다양하게 넓히고 있으며 밝고
깨끗한 이미지의 이용실로 거듭나 남성전용 헤어샵으로써의
이미지를 강화하고 있다.
　국민의 보건과 건강을 보호하기 위하여 이용에 관한
숙련기능을 가지고 현장업무를 수행할 수 있는 능력을 가진
전문기능인력을 양성하고자 이용사 자격제도를 제정하였다.

〈업무 범위〉
　이발, 아이론, 면도, 머리피부손질, 머리카락 염색 및 머리감기

〈실시 기관〉
　한국산업인력공단

〈응시 자격〉
　응시자격에는 제한이 없다. 연령, 학력, 경력, 성별, 지역 등에
제한을 두지 않는다.

〈시험 과목〉
- 필기시험 : 이용이론, 공중보건학, 소독학, 피부학,
　　　　　　공중위생법규
- 실기시험 : 이용작업

〈검정 방법〉

- 필기시험 : 객관식 4지 택일형, 60문항(60분)
- 실기시험 : 작업형(1시간 15분 정도)

〈합격 기준〉

필기 · 실기 : 100점을 만점으로 하여 60점 이상

〈필기시험 면제〉

필기시험에 합격한 자는 필기시험 합격자 발표일로부터 2년간
필기시험을 면제한다.

〈이용사 합격 현황〉

연도	필기			실기		
	응시자	합격자	합격률	응시자	합격자	합격률
2012년	2,155명	1,126명	52.3%	1,365명	690명	50.5%
2014년	2,137명	1,027명	48.1%	1,275명	705명	55.3%
2016년	3,348명	2,173명	64.9%	2,811명	1,474명	52.4%
2018년	4,337명	2,752명	63.5%	3,399명	1,629명	47.9%
2020년	5,099명	3,319명	65.1%	3,969명	1,994명	50.2%

미용사의 면허

면허 취득

「공중위생관리법」제6조제1항과 같은 법 시행규칙 제9조제1항에 따라 미용사와 이용사 자격을 취득한 후 관할 행정구청에 면허를 신청해야 한다. 아래의 서류를 제출하면 된다.

■ 졸업증명서 또는 학위증명서 1부
  전문대학 또는 이와 동등 이상의 학력이 있다고 교육과학기술부장관이 인정하는 학교에서 이용 또는 미용에 관한 학과를 졸업한 사람이나 고등학교 또는 이와 동등의 학력이 있다고 교육과학기술부장관이 인정하는 학교에서 이용 또는 미용에 관한 학과를 졸업한 사람만 해당

■ 이수증명서 1부
  교육과학기술부장관이 인정하는 고등기술학교에서 1년 이상 이용 또는 미용에 관한 소정의 과정을 이수한 사람만 해당

■ 전문의 진단서 1부
  정신질환자이지만 전문의가 이용사 또는 미용사로서 적합하다고 인정한 경우에만 해당

■ 의사 진단서 1부

최근 6개월 이내의 것으로 정신질환자, 전염성 결핵환자 및 마약·대마·향정신성의약품 중독자에 각각 해당되지 않음을 증명하는 것이어야 함. 다만, 정신질환자이지만 이용사 또는 미용사로서 적합하다고 인정한 전문의의 진단서를 제출하는 경우에는 전염성 결핵환자 및 마약·대마·향정신성의약품 중독자에 각각 해당되지 않음을 증명하는 것이어야 함

■ 사진 2장

최근 6개월 이내에 찍은 가로 3센티미터 세로 4센티미터의 탈모 정면 상반신 사진위에 제출한 자료에 따라 행정부처 공무원은 아래의 두 가지를 중점적으로 검토한 뒤 면허를 발급한다.

1. 학점은행제 학위증명

신청인이 「학점인정 등에 관한 법률」 제8조에 따라 대학 또는 전문대학을 졸업한 사람과 동등 이상의 학력이 있는 것으로 인정되어 같은 법 제9조에 따라 이용 또는 미용에 관한 학위를 취득한 사람인 경우만 해당

2. 국가기술자격 취득사항 확인서

신청인이 「국가기술자격법」에 따른 이용사 또는 미용사의 자격을 취득한 사람인 경우만 해당

취소 사유

　미용사가 「공중위생관리법」을 위반하거나 미용사 결격사유에 해당하게 된 경우 및 「국가기술자격법」에 따라 미용사 자격이 정지·취소된 경우에는 시장·군수 또는 구청장으로부터 미용사 면허취소 또는 면허정지 처분을 받게 된다.
　미용사 면허가 취소되거나 면허의 정지처분을 받은 자는 지체 없이 관할 시장·군수 또는 구청장에게 면허증을 반납해야 한다.

* 미용사가 다음의 어느 하나에 해당하는 경우에는 미용사 면허취소 또는 면허정지 처분을 받게 된다.

- 면허증을 다른 사람에게 빌려준 경우
  - 1차 위반 시 : 면허정지 3개월
  - 2차 위반 시 : 면허정지 6개월
  - 3차 위반 시 : 면허취소
- 이중으로 면허를 취득한 경우 : 면허취소(나중에 발급받은 면허만 취소함)
- 면허정지처분을 받고 그 정지 기간 중 미용업 업무를 한 경우 : 면허취소
- 금치산자 : 면허취소
- 정신질환자(정신질환자이지만 전문의가 미용사로서 적합하다고 인정하는 사람은 제외) : 면허취소
- 공중의 위생에 영향을 미칠 수 있는 전염성 결핵환자 : 면허취소
- 마약·대마 또는 향정신성의약품의 중독자 : 면허취소
- 거짓, 그 밖의 부정한 방법으로 자격을 취득한 경우 : 면허취소
- 업무수행 중 해당 자격과 관련하여 고의 또는 중대한 과실로 타인에게 손해를 가하여 금고 이상의 형을 선고받은 경우 : 면허취소

- 업무수행 중 해당 자격과 관련하여 고의 또는 중대한 과실로 타인에게 손해를 가하여 자격상실 이하의 형을 선고받은 경우 : 면허정지 3년
- 업무수행 중 해당 자격과 관련하여 고의 또는 중대한 과실로 타인에게 손해를 가하였으나, 형을 선고받지 않은 경우 : 면허정지 2년
- 업무를 성실히 수행하지 않거나 품위를 손상시켜 공익을 해치거나 다른 사람에게 손해를 입힌 경우 : 면허정지 1년
- 미용사 자격증을 1회 대여 또는 이중 취업(사실상 대여에 해당하는 경우)한 경우 : 면허정지 3년
- 미용사 자격증을 2회 이상 대여 또는 이중 취업한 경우 : 면허취소
- 미용사 자격증 대여로 인해 타인에게 손해를 입힌 경우 : 면허취소
- 미용사 자격정지(면허정지)기간 종료 후 3년 이내에 자격정지처분에 해당하는 행위를 한 경우 : 면허취소

미용사 면허증 반납

- 미용사 면허가 취소되거나 면허의 정지처분을 받은 자는 지체 없이 관할 시장 · 군수 또는 구청장에게 면허증을 반납해야 한다.

- 면허의 정지처분을 받은 자가 반납한 면허증은 그 면허정지기간 동안 관할 시장 · 군수 또는 구청장이 보관한다.

미국

미국은 각 주마다 제도 및 입법과정이 다른 특징이 있다. 그러나 NACCAS(The National Accrediting Commission of Cosmetology Arts and Sciences)라는 기관에서 미용사 제도의 가이드라인을 제시하고 있다.

미국의 미용사는 국가에서 인정하는 면허이며 유효기관과 갱신제도를 두고 있다.

미국은 미용관련 업무를 굉장히 세분화하여 지칭하고 있으며 그 분류 또한 각 주마다 다르다. 미용사를 지칭하는 용어는 다양하지만 Cosmetologist라고 명명하는 주가 가장 많으며

평균 1,597시간의 교육을 이수해야 한다. 이발사의 경우에는 평균 1,400시간의 교육을 이수해야 라이센스를 취득할 수 있다.

피부 관리사는 총 48개주에서 면허를 인정하고 있으며 평균 이수교육시간은 584시간이다. 네일 테크니션, 우리나라의 네일 아티스트가 되기 위해서는 평균적으로 350시간의 교육을 이수해야 한다.

미국의 미용교육은 우리와 달리 사회직업 교육과정의 하나로 다루어지고 있다. 직업학교 내에 미용실이나 피부관리실을 개설하여

현장과 연결선상에서 실습할 수 있게 되어있다.

　미국의 미용사 면허시험은 주마다 차이가 있지만 대부분 17세 이상인 자로 미용업에 종사하기 위한 면허 취득을 원하는 경우 주무장관에게 신청할 수 있다.

　신청서에는 신청인의 자격요건과 관련된 정보가 필요하다. 사진 및 도덕성을 입증할 증거, 신청인이 전염병에 걸리지 않았음을 입증하는 30일 기한의 건강진단서, 초등학교 이수 증명서, 교육법에 의한 교육과정 이수증명서 또는 2년 이상 1인 이상의 면허소지 미용사로부터 직접교육 및 감독을 성실하게 받았음을 증명하는 증명서, 3년 이상 실질적인 미용업무에 계속 종사해왔음을 입증하는 경력 증명서, 교육부 인가의 연구과정 이수 증명서, 부과 신청요금, 필기시험 합격증명서 등이 필요하다.

　필기시험의 경우 100문항에서 70점 이상을 취득하면 합격할 수 있으며 사람을 직접 모델로 하여 치루는 실기 시험에서는 300점 만점에 225점 이상을 취득하면 된다.

일본

일본은 전문학교에서 미용사, 이용사 등의 기술을 습득한다. 전문학교는 고등학교를 졸업한 후 진학할 수 있으며 몇몇 학과는 중학교 졸업 후에도 입학이 가능하다.

일본은 미용사법 규정에 따라 후생노동대신이 지정하는 미용사 양성 시설에서 2,000시간의 교육을 이수한 자가 미용사 시험에 합격한 후 결격 사유에 해당하지 않으면 후생노동대신의 면허를 받도록 하고 있다.

후생노동대신 지정의 미용학교에 입학해 정규과정 2년(주간), 야간과정(2년), 통신과정(3년)의 과정을 마쳐야만 필기시험 응시 자격이 주어진다.

미용사 면허시험 필기과목은 관련법규 및 제도, 위생관리, 공중위생과 환경위생, 감염증, 위생관리, 미용보건, 미용의 물리화학, 미용이론 등이다.

필기시험에서 평균 60점 이상이 되면 합격이고, 합격자는 소속지역 해당보건소에 등록을 한 뒤 실습을 해야만 한다.

실습기간은 1년으로 이 기간이 경과한 사람에 한하여 실기시험에 응시할 수 있는 자격이 주어진다. 실기시험은 2일에 걸쳐 실시되고 펌, 롤세팅, 핑거웨이브로 조금씩 변형된 3가지 모델 중에서 매년 돌아가며 출제하는 방식이다. 시험 시간은 30분이며 시간 내에 반드시 완성해야 한다. 1개월 후 합격여부의 통지서를 받게 된다.

면허증 취득 후 3년이 지나면 미용실을 관리할 수 있는 관리 미용사로 임명되며 그 후 2년이 경과해야만 미용실을 운영할 수 있게 된다. 관리 미용사는 공중위생학 9시간, 이용소 위생관리 18시간을 반드시 이수해야 한다. 미용실을 운영하기 위해 최소 7년의 시간이 필요한 셈이다.

면허시험에 합격한 후 미용사 명부에 본적지 도도부현의 명칭, 외국인의 경우에는 국적, 성명, 생년월일 등이 등록되어야 한다. 면허 없이 미용일을 하면 무면허 영업이 된다. 30만엔 이하의 벌금 또는 미용사 면허 취득자격이 박탈된다.

영국

영국은 미용사법에 의하여 미용사 면허를 관리하며 미용사 면허는 국가직업자격으로 분류된다. 미용사와 염색, 펌 전문미용사로 분류되어 있고 컬리지 안에 있는 미용학교나 미용전문 아카데미와 같은 전문교육기관에서 자신이 직접 국가기술자격고시위원회(National Vocational of Qualification)에 NVQs과정 이수신청을 해야 한다. 이수 기간 동안 각 분야별로 담당 교사에게 테스트와 평가를 받는 구조이다.

이수 기간은 최소 6개월로 각 과목의 점수를 담당 선생님에게 받은 뒤 위원회에 제출하면 졸업과 동시에 자동적으로 자격증을 받게 되어있다.

업소 개설시에는 면허는 필요하지 않고 보건 위생의 기준만 갖춰 관련 규정에 의해 허가를 받아 신규업소를 개설할 수 있다. 경력이 있는 사람의 경우에는 학교에 다니지 않고 자신의 포트폴리오를 만들어 국가기술자격고시위원회에 제출하면 취득이 가능하다.

교육은 미용업소에서 수련을 통해 이루어지며 진도에 대한 평가는 이수시간이나 시험이 아닌 미용실에서의 지속적인 평가를 통해 측정된다.

NVQs는 머리관리와 미용으로 구분되며 1단계인 소개과정, 2단계의 기초 및 필수 기술습득 과정, 3단계의 기술전문가과정, 4단계인 관리자 과정으로 구성되어 있다.

2단계에서는 기본 기술을 활용한 머리색의 변경, 펌, 스트레이트, 건조 및 세팅기술을 이용한 헤어스타일링에 대한 기술을 가르치고 있다.

이와 같은 기준은 정부로부터 유일하게 인정받고 있는 것으로 영국 국가인증미용단체가 관리하고 있다.

프랑스

프랑스의 경우 미용 실무를 하는 전문인의 수를 예측하여, 국가 관리 하에 피부, 헤어, 메이크업 분야별로 분리된 전문대의 수준에서 교육을 실행한 후 적정 수준과 수의 전문 인력을 국가 자격시험을 통해 배출하고 있다.

미용에 있어서 기술 직업훈련에 해당하는 CAP과정과 BP과정을 살펴보면 CAP과정은 고등학교 졸업자의 경우 1년간, 중학교 졸업자의 경우 2년간 기술교육을 받은 후 CAP취득 시험을 볼 수 있게 된다.

미용제품들의 성분을 알기 위해 생물, 물리, 화학 수업을 비롯해 미학, 광고, 기술 등의 이론교육과 실기인 커트기법, 염색, 샴푸와 모발관리 등에 관한 수업이 진행된다.

20개월 동안 의무적으로 각 미용실에서 560시간의 개인 실습이 이루어지고 응시시험은 매년 5월에 치르게 된다. 응시 회수는 2번 밖에 주지 않으며 시험과목은 영어, 수학, 과학, 사회, 체육, 프랑스위생법, 미용관련과목과 면접시험이다.

BP과정은 CAP를 마친 학생들이 2년간의 실습을 거친 후 시작하는 과정으로 반드시 미용실에서 실습을 하고 있는 상태여야만 입학이 허가된다.

시험자격은 480시간 이상의 이론과 실기 수업을 이수하고 CAP자격으로 2년 이상 일한 경력 증명이나 자격 없이 5~7년 실무 경험이 인정되어야 한다. 메이크업과 분장 부분에는 따로 BP자격이 존재하지 않는다.

이탈리아

  이탈리아에서는 미용사 자격을 취득하기 위해서 의무교육을
마친 자가 주정부 인허 · 감독하는 미용교육기관에서 2년 과정의
교육을 마쳐야 한다. 그 후 주에서 실시하는 이론 및 실기시험을
거쳐 자격증을 받게 된다. 1년 과정의 스페셜 코스를 밟거나
사업장에서 1년 동아 훈련과정을 밟고 시험에 통과하면 사업장
운영자격증(면허증)을 취득해야 한다.

  병원이나 미용사업장에서 견습생으로 근무하고 300시간
이상의 이론교육을 이수하거나 노동자 등록증을 보유한 미용
사업장 종업원으로 3년 이상 근무한 후 2년 이내에 주에서
실시하는 종합 이론 과정을 이수하고 시험에 통과해도 된다.

  영업장 운영이 아닌 취업을 위한 단기 직업교육과정은 별도로
개설되어 있다. 이러한 교유과정은 주에서 코스와 기간을 정하기
때문에 주에 따라 규정이 다를 수 있지만 주정부가 인정한 자격은
이탈리아와 EU지역 내에서는 법적으로 통용되고 인정된다.

Part Four

Reference

고등학교

　서서울생활과학고등학교 국제뷰티아트과, 동산정보산업고
뷰티아트과, 정암미용고 미용과(2년제), 아현산업정보학교
미용예술과, 서울산업정보학교 미용예술과(1년제),
종로산업정보학교 미용예술과(1년제), 영신간호비즈니스고
보건뷰티과, 화곡보건경영고 뷰티아트과, 동일미래과학고
토탈뷰티과, 한남미용고 미용과, 유성생명과학고 토탈미용과,
인천뷰티예술고 뷰티아트과, 인천생활과학고 토탈미용과,
인천산업정보학교 뷰티미용과, 대전생활과학고
화장품응용과학과, 대전전자디자인고 토탈미용과, 대구관광고
뷰티코디네이션과, 울산미용예술고 미용예술과, 경기경영고
뷰티미용과, 안산국제비즈니스고 미용과, 양동고 미용예술과,

강릉정보공업고 미용디자인과, 춘천한샘고 미용과, 제천산업고
뷰티미용과, 청주농업고 바이오뷰티산업과, 학산고 헤어미용과,
벌교상업고 토탈뷰티과, 순천전자고 바이오향장과,
포항과학기술고 뷰티케어과, 경남산업고 미용예술과, 경진고
뷰티과, 진영제일고 미용예술과, 부산미용고 미용과,
부산산업학교 미용예술과, 강원생활과학고 미용예술과, 일산고
뷰티디자인과, 경남미용고 미용예술과, 경북생활과학고
피부미용과, 영주동산고 피부미용과, 삼성생활예술고
뷰티디자인과, 전남미용고 미용과, 남원제일고 미용마케팅과,
덕암정보고 미용과, 병천고 미용과, 증평정보고 뷰티미용과,
예일미용고 미용과(2년제), 한국뷰티고 토탈뷰티과

전문 대학교(2년제)

국제대학 뷰티코디네이션학과, 가톨릭상지대학 미용예술과, 강릉영동대학 미용예술과, 경남도립거창대학 뷰티웰니스과, 경남정보대학 미용학과, 경민대학 뷰티케어과, 경북도립대학 보건미용과, 경복대학 예술디자인학부, 경북과학대학 화장품뷰티과, 경북전문대학 뷰티케어과, 경인여자대학 뷰티스킨케어과/헤어뷰티과, 계명문화대학 뷰티코디네이션학부, 광주보건대학 뷰티케어과, 구미대학 건강뷰티학부, 군장대학 미용예술과, 강동대학 뷰티코디네이션과, 김포대학 뷰티아트과, 김해대학 뷰티디자인과, 고구려대학 뷰티미용과, 대경대학 뷰티아트스쿨, 대구공업대학 헤어디자인과/메이크업분장예술과/피부&네일과, 대구과학대학 방송헤어전공, 대구보건대학 뷰티코디네이션과, 대덕대학 뷰티과, 대동대학 뷰티헤어디자인과, 대원대학 뷰티스타일리스트과, 대전과학기술대학 네일디자인전공, 대전보건대학 뷰티케어과, 동강대학 뷰티미용과, 동남보건대학 뷰티케어과, 동서울대학 뷰티코디네이션과, 동원대학 헤어뷰티과, 동의과학대학 헤어뷰티전공, 동주대학 미용계열, 두원공과대학 뷰티아트과, 마산대학 뷰티케어학부, 명지전문대학 뷰티매니지먼트과, 목포과학대학 뷰티미용과, 백제예술대 뷰티아트과, 부산과학기술대학 미용과, 부산여자대학 미용과, 부산예술대학 뷰티토탈디자인과, 부천대학 뷰티케어학과, 삼육보건대학 뷰티헤어과/피부건강관리과, 서영대학 뷰티미용과, 서정대학 뷰티아트과, 서해대학 뷰티케어과, 선린대학 뷰티디자인과, 송곡대학 K-뷰티과, 송호대학 뷰티케어과, 수성대학교 뷰티스타일리스트과, 수원과학대학 뷰티코디네이션과, 수원여자대학 미용예술과, 순천제일대학 토탈뷰티미용과, 신구대학 뷰티케어과, 신안산대학 뷰티디자인과, 청암대학 뷰티미용과, 신성대학 뷰티헤어디자인과, 안동과학대학 뷰티아트과, 여주대학 준오헤어스타일과/뷰티약손미용과, 연성대학 뷰티스타일리스트과, 연암대학 뷰티아트과, 영남이공대학 뷰티스쿨, 오산대학 뷰티&코스메틱계열, 용인송담대학 뷰티케어과, 우송정보대학 뷰티디자인아트계열, 인덕대학 방송뷰티메이크업과, 인천재능대학 뷰티케어과, 장안대학 뷰티케어과, 전남과학대학 뷰티미용과, 전남도립대학 뷰티아트과, 전북과학대학 뷰티앤디자인과, 전주비전대학 미용건강과, 정화예술대학 메이크업전공, 제주관광대학 뷰티디자인과, 제주한라대학 뷰티아트과, 조선이공대학 뷰티아트과, 창원문성대학 미용예술과, 충남도립대학 뷰티코디네이션과, 충청대학 미용예술과, 혜전대학 미용과, 한영대학 뷰티코디네이션과, 호산대학 뷰티스타일리스트과, 한국영상대학 헤어뷰티과

대학교(4년제)

건국대학교 K뷰티산업융합학과,
동덕여자대학교 토탈뷰티케어학과, 서경대학교
미용전공/헤어메이크업 디자인 전공,
서울문화예술대학교 토탈미용예술학과,
성신여자대학교 뷰티산업학과/
메이크업디자인학과, 세종대학교
향장뷰티산업학과, 숭실사이버대학교
뷰티미용예술학과, 한성대학교
뷰티디자인학과, 고신대학교 피부미용전공,
동명대학교 뷰티산업학과/뷰티케어학과,
신라대학교 뷰티비즈니스학과, 영산대학교
미용예술학과/미용건강관리전공,
건양사이버대학교 글로벌뷰티학과, 대전대학교
뷰티건강관리학과, 우송대학교
뷰티디자인경영학과, 광주대학교
뷰티미용학과, 광주여자대학교 미용과학과,
남부대학교 향장미용학과, 송원대학교
뷰티예술학과, 호남대학교 뷰티미용학과,
국제사이버대학교 뷰티비즈니스학과,
성결대학교 뷰티디자인학부, 신경대학교
뷰티디자인학과, 신한대학교 미용학과,
용인대학교 미용경영학과/뷰티케어학과,
을지대학교 피부관리학과, 가톨릭관동대학교

뷰티미용학과, 경동대학교 의료뷰티학과,
상지대학교 뷰티디자인학과, 한라대학교
뷰티디자인학과, 서원대학교 뷰티학과,
유원대학교 뷰티케어과, 중원대학교
뷰티헬스학과/의료뷰티케어학과, 건양대학교
의료뷰티학과, 남서울대학교 뷰티향장학과/
뷰티보건학과, 중부대학교 뷰티산업학부,
청운대학교 뷰티산업학과, 한서대학교
피부미용학과, 예원예술대학교 뷰티디자인전공
우석대학교 화장품미용학과/화장품피부관리학과,
원광대학교 뷰티디자인학부, 원광디지털대학교
한방미용예술학과, 호원대학교 미용예술학과,
동신대학교 뷰티미용학과, 초당대학교
뷰티미용학과/뷰티디자인학과, 경일대학교
K-뷰티화장품산업학부, 경주대학교
뷰티미용학과, 김천대학교 뷰티케어학과,
대구예술대학교 뷰티예술전공, 대구한의대학교
뷰티케어산업학과, 영산대학교
미용건강관리전공, 창신대학교 미용예술학과,
한국국제대학교 미용예술학과, 제주대학교
건강뷰티향장학과

대학원

　건국대학교 산업대학원 향장학과, 건국대학교
예술디자인대학원 뷰티디자인, 가천대학교 경영대학원
뷰티예술경영 전공, 경기대학교 대체의학대학원 뷰티웰니스,
고신대학교 보건대학원 미용보건 전공, 광주여자대학교
교육대학원 미용교육 전공, 광주여자대학교 일반대학원
미용과학과, 김천대학교 미용과학과, 남부대학교 교육대학원
미용교육전공, 대구가톨릭대학교 예술대학원
뷰티코디네이트디자인학과, 대구한의대학교
일반대학원(자연계열) 화장품학, 대구한의대학교 한방산업대학원
한방피부미용 전공, 서경대학교 미용예술대학원 미용예술학과,
성신여자대학교 뷰티융합대학원, 숙명여자대학교 원격대학원
향장미용전공, 조선대학교 산업기술융합대학원 미용향장학과,
조선대학교 디자인대학원 디자인학과, 한남대학교
사회문화행정복지대학원 향장미용학과, 한서대학교 대학원
미용과학과, 한성대학교 예술대학원 뷰티예술학과

※ 미용관련학교는 매년 학교 사정에 따라 달라질 수 있습니다.

공중위생영업자가 준수하여야 하는 위생관리기준 등

3. 이용업자

가. 이용기구 중 소독을 한 기구와 소독을 하지 아니한 기구는
각각 다른 용기에 넣어 보관하여야 한다.

나. 1회용 면도날은 손님 1인에 한하여 사용하여야 한다.

다. 영업장안의 조명도는 75룩스 이상이 되도록 유지하여야
한다.

라. 영업소 내부에 이용업 신고증 및 개설자의 면허증 원본을
게시하여야 한다.

마. 영업소 내부에 부가가치세, 재료비 및 봉사료 등이 포함된
요금표(이하 "최종지불요금표"라 한다)를 게시 또는 부착하
여야 한다.

바. 마목에도 불구하고 신고한 영업장 면적이 66제곱미터 이상인 영업소의 경우 영업소 외부(출입문, 창문, 외벽면 등을 포함한다, 이하 같다)에도 손님이 보기 쉬운 곳에 「옥외광고물 등 관리법」에 적합하게 최종지불요금표를 게시 또는 부착하여야 한다. 이 경우 최종지불요금표에는 일부항목(3개 이상)만을 표시할 수 있다.

4. 미용업자

가. 점빼기 · 귓볼뚫기 · 쌍꺼풀수술 · 문신 · 박피술 그 밖에 이와 유사한 의료 행위를 하여서는 아니 된다.

나. 피부미용을 위하여 「약사법」에 따른 의약품 또는 「의료 기기법」에 따른 의료기기를 사용하여서는 아니 된다.

다. 미용기구 중 소독을 한 기구와 소독을 하지 아니한 기구는 각각 다른 용기에 넣어 보관하여야 한다.

라. 1회용 면도날은 손님 1인에 한하여 사용하여야 한다.

마. 영업장안의 조명도는 75룩스 이상이 되도록 유지하여야 한다.

바. 영업소 내부에 미용업 신고증 및 개설자의 면허증 원본을 게시하여야 한다.

사. 영업소 내부에 최종 지불 요금표를 게시 또는 부착하여야 한다.

아. 사목에도 불구하고 신고한 영업장 면적이 66제곱미터 이상인 영업소의 경우 영업소 외부에도 손님이 보기 쉬운 곳에 「옥외광고물 등 관리법」에 적합하게 최종지불 요금표를 게시 또는 부착하여야 한다. 이 경우 최종 지불 요금표에는 일부항목(5개 이상)만을 표시할 수 있다.

이용기구 및 미용기구의 소독기준 및 방법

〈일반기준〉

1. 자외선소독 : 1㎠당 85µW 이상의 자외선을 20분 이상 쬐어
   준다.

2. 건열멸균소독 : 섭씨 100℃ 이상의 건조한 열에 20분 이상
   쬐어준다.

3. 증기소독 : 섭씨 100℃ 이상의 습한 열에 20분 이상 쬐어
   준다.

4. 열탕소독 : 섭씨 100℃ 이상의 물속에 10분 이상 끓여준다.

5. 석탄산수소독 : 석탄산수(석탄산 3%, 물 97%의 수용액을
   말한다)에 10분 이상 담가둔다.

6. 크레졸소독 : 크레졸수(크레졸 3%, 물 97%의 수용액을
   말한다)에 10분 이상 담가둔다.

7. 에탄올소독 : 에탄올수용액(에탄올이 70%인 수용액을
   말한다. 이하 이 호에서 같다)에 10분 이상 담가두거나
   에탄올수용액을 머금은 면 또는 거즈로 기구의 표면을
   닦아준다.

〈개별기준〉

이용기구 및 미용기구의 종류 · 재질 및 용도에 따른 구체적인
소독기준 및 방법은 보건복지부장관이 정하여 고시한다.

행복한 직업 찾기
나의 직업 미용사

초판 1쇄 인쇄 2014년 1월 23일
개정판 1쇄 인쇄 2019년 11월 22일

개정2판 1쇄 인쇄 2021년 11월 20일
개정2판 1쇄 발행 2021년 11월 25일

글 　　　 | 꿈디자인LAB
펴 낸 곳 | 동천출판
사 　 진 | idHAIR(아이디헤어). shutterstock.

등 　 록 | 2013년 4월 9일 제319-2013-25호
주 　 소 | 서울특별시 서초구 효령로 60길 15(서초동, 202호)
전화번호 | (02) 588 - 8485
팩 　 스 | (02) 583 - 8480
전자우편 | dongcheon35@naver.com

값 18,000원
ISBN 　　　979-11-85488-66-0 (44370)
　　　　　 979-11-85488-05-9 (세트)

*잘못 만들어진 책은 구입하신 서점에서 바꿔 드립니다.